당신도 행복을 공부하면
행복해질 수 있다!!

정 동 기

추천사 _ 차달숙 (월간 국보문학 주간 · 시인 · 수필가) / 8

서문 _ 정동기 (저자)   / 10

제1부 행복의 정의

행복의 정의   / 14

행복의 조건   / 17

행복의 기원   / 21

건강과 행복   / 23

돈과 행복   / 29

취미생활과 행복   / 33

결혼과 행복   / 38

Contents

제2부 세대별 행복

세대별 행복　　　/ 44

인종과 행복　　　/ 48

사는 지역과 행복　　　/ 51

직업과 행복　　　/ 54

욕구 충족과 행복　　　/ 58

민족과 행복　　　/ 61

자기가 사는 나라의　　　/ 64
정치와 행복

Contents

제3부 사람의 체질과 행복

사람의 체질과 행복 / 68

나라별 행복도 / 70

종교와 행복 / 74

연령별 행복 / 77

학력과 행복 / 83

출생과 행복 / 87

남녀가 행복을 받아들이는 / 91
개념의 차이

제4부 행복과 긍정적 정서

행복과 긍정적 정서   / 94

행복지수와 행복   / 97

불행을 피하면 행복해질까?   / 100

노후와 행복   / 103

행복에 대한 명언들   / 109

행복과 불행의 차이   / 113

행복주의자와 쾌락주의자   / 116

Contents

제5부 소확행

소확행　　　/ 120

수면과 행복　　　/ 124

성과 행복　　　/ 128

장수와 행복　　　/ 131

가치 있는 삶과 행복한 삶　　　/ 134

성격과 행복　　　/ 137

인간관계와 행복　　　/ 139

스트레스와 행복　　　/ 141

제6부 행복과 운명론

행복과 운명론　　　/ 144

철학적 행복과 진화론적 행복　　　/ 147

행복해지는 방법　　/ 151

일상의 행복　　/ 158

행복해야 하는 이유　　/ 162

행복 실천하기　　/ 164

취미생활 예찬론　　　/ 170
(2013년 12월 월간 국보문학 수필부문 신인상 수상작품)

| 추천사 |

우리에게 꼭 필요한 행복의 인생 교과서

차달숙
(월간 국보문학 주간 · 시인 · 수필가)

정동기 작가가 어느 날, 추천사를 써 주십사하고 원고를 보내왔기에 별 기대 없이 읽다가 몇 번이나 머리를 끄덕이며 무릎을 쳤다. 수필가답게 문장이 소탈하고 삶에 유익한 내용이라 진지하게 읽었다.

"행복의 핵심은 다른 사람의 칭송과 칭찬을 받으며 사는 사람이 아니라 일상에서 자기 나름으로 긍정적 정서 즉 기쁨, 즐거움, 만족, 감사, 사랑, 희망, 열정 등을 자주 경험하고 실천하며 사는 사람이다. 사람은 사는 곳 못지않게 살아가면서 갖는 마음 자세가 행복에 많은 영향을 준다. 낙천적이고 긍정적이며 매사에 만족하고 감사하며 희망을 잃지 않고 열정적으로 사는 사람은 어디에 살던 항상 행복하다."는 작가의 생각에 깊이 공감한다.

　이런 지침서에 가까운 책은 자칫하면 타인에게 자기 자랑으로 비칠 수 있고 또한 도덕군자로 낙인 될 수도 있다. 이러한 모든 점을 극복하여 우리들에게 어떻게 살아가야 하는가. 삶이란 무엇인가 행복이란 무엇인가 삶과 죽음이란 무엇인가 등 사람의 근본문제와 행복에 대하여 폭넓고 평범하게 생각을 피력하고 있다. 이런 점에서 알기 쉽게 쓴 '생활을 위한 지침서'라고 할 수 있다. 흔히 이러한 종류의 책들이 독자에게 피로감을 주는 일이 있는데 정동기 작가의 저서는 행복에 대한 실례를 인용하고 많은 독서와 생활 체험을 바탕으로 한 인생독본으로서 깨끗이 흘러가는 시냇물과 같은 신선한 인상을 풍긴다. 그러므로 우리들에게 잔잔한 감명을 준다.

　이러한 의미에서 약사 출신 정동기 작가의 『당신도 행복을 공부하면 행복해질 수 있다』는 우리에게 꼭 필요한 인생 교과서라고 할 수 있다. 이러한 훌륭한 책을 쓴 후배 동문이 있다는 것을 나는 자랑스럽게 생각한다.

　앞으로 정동기 작가가 더욱 훌륭한 글을 선보여 줄 것을 기대한다.

| 서문 |

은퇴할 나이가 되면서 인생이 뭔가? 행복이 뭔가? 나는 행복하게 살았는가? 다시 한 번 곰곰이 생각을 해보게 된다. 사람이 사는 목적이 뭘까? 돈 많이 벌기 위해서? 출세하기 위해서? 행복하기 위해서? 돈을 많이 벌고 직위가 높아지면 행복해지는 걸까?

우리는 인사말로 "행복하세요" 한다. 그러면 인사를 받고 지금부터 행복하자! 한다고 행복해지는 걸까? 아닐 것이다. 행복은 단순하고 간단한 문제가 아니다. 요즘은 행복에 관해 관심이 많아 본격적으로 연구하여 책을 내기도 하고 대학에서 강의를 하는 실정이다.

내가 근무하는 약국에는 "해피 더럭"이라고 영어로 불리는 약들이 있다. 한글로 번역하면 행복한 약 즉 "행복해지는 약"이다. 해피 더럭 에는 마약과 발기촉진제가 있다. 마약은 복용하면 기분이 좋아지고 최고의 행복감을 맛본다. 그러나 중독이 심해 의료용 외에는 판매를 금지하고 있다. 발기 촉진제는 약을 먹으면 잘 안 되든 발기가 잘되어 만족한 성관계를 하게 되어 행복감을 맛보기 때문에 "해피 더럭" 으로 분류한다.

행복해지려면 마약을 먹으면 되겠지만 약을 먹고 행복해지는 건 진정한 행복이 아니고 가짜 행복 아닌가. 거기다 습관성이라는 부작용이 있어 몸을 망칠 수가 있다. 사람은 진정한 행복을 추구해야하고 그게 바람직하다. 그러면 진정한 행복은 뭘까? 지금부터 상세히 알아보자.

행복에 대한 책은 많이 나와 있지만 막연하고 이해가 잘 안 되는 내용들이라 누구나 이해하기 쉽고 현실적으로 적용이 가능한 책을 써 보기로 하였다.

우리는 누구나 행복하게 살고 싶어 하고 후회 없는 인생을 마감하고 싶어 한다. 행복하기 위해 죽기 살기로 일하고 삶의 고통을 참아 내는 것 아닌가. 행복은 저 피안의 언덕에 있는 것일까? 금수저들만 갖는 특권일까? 아닐 것이다.

행복에 대해 해부를 해보고 분석하고 결론을 찾아보자. 행복에 대해 공부하면 행복해질 수 있다. "공부해서 남 주나!" "알아야 면장!"이라는 말이 있다. 지금부터 행복에 대해 공부해 보자!!

제1부_

행복의 정의

행복의 정의

사람은 누구나 행복하게 살고 싶어 한다. 행복에 대해서 막연히 잘 먹고 잘 사는 것이라 생각하기 쉽다. 그러나 행복이란 그리 간단한 문제가 아니다. 행복에 관한 정의를 보면 국어사전에는 "삶에서 기쁨과 만족을 느껴 흐뭇한 상태"로 되어 있다. 심리학적인 정의는 "우리 의식의 절대적인 조화"이고 철학적인 정의는 "완전한 만족의 상태 즉 더 바랄 것이 없는 상태"로 되어 있다. 의학적으로는 "뇌에서 엔돌핀의 일종인 세로토닌이 분비될 때"로 본다. 행복의 정의는 간단하지만 행복의 조건이나 여건은 복잡하고 다양하다. 행복에 대한 학설이나 해석 또한 많다.

개발시대에는 먹고살기에 바빠 "행복"에 대한 관심을 가질 만한 여유가 없었다. 경제가 발전하여 중진국이 되고 선진국에 가까워지자 행복에 대한 관심을 더 갖게 되었다. 행복한 삶을 위해 나라에서는 휴일을 늘이고 근무시간을 줄이는 등 사회제도를 바꾸기도 하고 대학에서는 "행 복 학"을 학문으로 만들어 강의를 하기까지 되었다.

행복은 살아가는 동안에 다양한 모습으로 우리에게 다가온다. 행복인지 아닌지 모르고 지나가기도 할 것이다. 일생에서 몇 번 맛보기 어려운 로또 당첨, 입시 등 시험의 합격, 결혼, 각종 경연대회에서의 우승 등 굵직한 행복과 일상에서 맛보는 맛있는 음식 먹기, 잠자기, 친구와 차나 술 한 잔 하며 담소하기, 일이나 취미생활을 통한 보람과 즐거움 등등 소소한 행복이 있다.

행복은 육체적인 행복과 정신적인 행복으로 나눌 수 있을 것이다. 육체적인 행복은 식욕, 성욕, 수면욕 등 본능적인 욕구가 충족되었을 때와 운동을 하여 땀을 흘릴 때의 쾌감 등 육체와 관련된 행복이고 본능적인 행복이다. 명상과 공부를 통한 정신적인 성취감이나 칭찬을 받았을 때, 선거에서 당선되거나 조직의 대표로 선출되는 등 명예욕이 충족되었을 때, 자아실현이 되어 자기 삶이 성공적이라 생각될 때 등은 정신적인 행복이다.

인간은 고등동물이라 본능적인 욕구 충족만이 행복의 전부가 아니라 한 차원 높은 정신적인 행복을 추구하게 된다. 아리스토텔레스는 "행복"이란 인간으로서 인간이 추구해야만 하는 최고의 선을 실현하는 데에 있다고 했다. "행복"과 "좋음"은 외적인 것, 육체와 관련된 좋음 또는 영혼에 관계된 좋음으로 나타날 수 있지만 결국 영혼에 관계된 좋음이 가장 진정적이고 으뜸가는 좋음이라 했다. 그는 행복은 인간을 인간이게 하는 내적인 상태를 가장 잘 달성하는데 있다고 봤다. 행복은 탁월성이며 그에 따른 영혼의 어떤 활동이라 규정지었다.

행복은 이처럼 복잡 다단 한 것이다. 행복한 사람일수록 미래에 더 건강하고 직장에서 더 성공하며 사회관계는 윤택해지고 더 건강한 시민의식을 갖게 된다.

행복은 거창한 관념이 아니라 구체적인 경험이다. 그것은 쾌락에 뿌리를 둔 기쁨과 즐거움 같은 긍정적 정서들이다. 이런 경험은 뇌에서 발생하는 현상이기 때문에 철학이 아닌 생물학적 논리로 접근 할 필요가 있다. 이것은 진화론자들의 주장이다.

행복의 조건

●

　행복의 조건은 수없이 많다. 영국의 경제학자 레이어드는 돈, 일, 건강, 인간관계, 자유, 가치관 등을 행복의 조건으로 분류했다. 첫째 돈이 있어야 행복하다. 돈에 비례해서 행복이 상승하는 건 아니지만 돈이 없으면 생활이 불편하고, 하고 싶은 걸 할 수가 없다. 둘째 사람은 일이 있어야 행복하다. 일이 없으면 무료하다. 적성에 맞고 보람이 있는 일이면 더 좋다. 셋째 건강해야 행복하다. 몸이 아프면 만사가 귀찮아지고 불행하다고 생각한다. 넷째 사람이 모여 사는 사회는 인간관계가 좋아야 행복하다. 인간관계가 좋지 않으면 외톨이가 되고 불행하다고 생각하기 쉽다. 다섯째 자유스러워야 행복하다. 구속되거나 고립되면 불행하다고 느낀다. 여섯째 낙관적이고 긍정적인 가치관을 가지고 살아야 행복하다. 부정적인 가치관을 갖고 살면 불행해진다. 프랑스 정신과 의사 를로르라는 사

람은 "꾸뻬씨의 행복여행"이란 책에서 행복의 조건을 23가지로 기술하기도 했다. 그 23가지 조건을 보면

1, 행복의 첫 번째 비결은 자신을 다른 사람과 비교하지 않는 것이다.
2, 행복은 때때로 뜻밖에서 찾아온다.
3, 많은 사람은 자신의 행복이 오직 미래에만 있다고 생각한다.
4, 많은 사람은 더 큰 부자가 되고 중요한 사람이 되는 것이 행복이라 생각한다.
5, 행복은 알려지지 않은 아름다운 산속을 걷는 것이다.
6, 행복을 목표로 여기는 것은 잘못된 생각이다.
7, 행복은 좋아하는 사람과 함께 있는 것이다.
8, 불행은 사랑하는 사람과 헤어지는 것이다.
9, 행복은 자기 가족에게 부족함이 없음을 아는 것이다.
10, 행복은 자신이 좋아하는 일을 하는 것이다.
11, 행복은 집과 채소밭을 갖는 것이다.
12, 좋지 않은 사람에 의해 통치되는 나라에서는 행복한 삶을 살기가 어렵다.
13, 행복은 자신이 다른 사람에게 쓸모가 있다고 느끼는 것이다.

14. 행복은 있는 그대로의 모습으로 사랑받는 것이다.

15. 행복은 살아 있음을 느끼는 것이다.

16. 행복은 살아 있음을 축하하는 파티를 여는 것이다.

17. 행복은 사랑하는 사람의 행복을 생각하는 것이다.

18. 태양과 바다 등 자연이 사람에게 행복을 가져다준다.

19. 행복은 사물을 바라보는 방식에 달려있다.

20. 행복의 가장 큰 적은 경쟁심이다.

21. 여성은 남성보다 다른 사람의 행복에 대해 더 배려할 줄 안다.

22. 행복은 다른 사람의 행복에 관심을 갖는 것이다.

23. 행복은 다른 사람의 의견을 너무 중요하게 생각하지 않는 것이다.

여기에 열거한 조건 말고도 행복의 조건을 찾아보면 그 조건은 수없이 많을 것이다. 어느 대륙에 사느냐에 따라 조건이 달라지고 또 한 인종에 따라 다를 수가 있다. 같은 나라 안에서도 사는 지역에 따라 조건은 달라지는 것이다. 개인적으로는 어떤 가정에서 태어나고 교육받느냐에 따라 달라지고 건강한지 아닌지, 가난한지 부자인지에 따라 다르고 성격이 낙관적인지 비관적인지에 따라 다르고 남자냐 여자냐에 따라 다르다. 조건이 다르면 행복에 대한 감수성은 달라지는 것이다.

행복의 기원

　행복이란 말을 사용하여 행복을 정의한 사람은 그리스 철학자 들이다. 자연의 그 어떤 것도 그냥 존재하는 것이 아니며 분명한 이유와 목적을 품고 있다는 생각 즉 목적론적 사고다. 인간이 추구하는 가장 궁극적인 목표를 "행복"으로 봤고 아침식사는 출근하기 위해, 출근은 돈을 벌기 위해, 돈은 결국 행복해지기 위한 것이라고 했다.
　다윈의 진화론에 기초한 진화론자들은 "행복"은 인간이 진화해 오면서 생존과 번식을 하는데 필요한 도구와 같은 것이라 하였다. 삶의 최종 목적이 행복이라는 철학자의 주장보다는 본능적으로나 현실적으로 행해지는 행위나 느낌으로 얻어지는 것이 행복이라는 주장이다. 행복은 삶의 최종적인 이유도 목적도 아니고 다만 생존을 위해 절대적으로 필요한 정신적 도구일 뿐이다. 행복을 위해서 사는 것이 아니라 생존하기 위해 필요한 상황에서 "행복"을 느끼는 것이라고 했다.

행복의 핵심은 부정적 정서에 비해 긍정적 정서의 경험을 일상에서 더 자주 느끼는 것이다. 이 쾌락의 빈도가 행복을 결정적으로 좌우한다. 쾌감을 유발하는 정서는 희열, 성취감, 뿌듯함, 자신감이다. 이런 경험은 한 번 맛보면 또다시 맛보고 싶어 진다.

행복은 객관적인 삶의 조건들에 의해서 크게 좌우되지 않는다. 행복의 개인차를 결정적으로 좌우하는 것은 그가 물려받은 유전적 특성 구체적으로 낙관성, 외향성이라는 성격의 특질이다. 행복의 개인차는 약 50%가 유전과 관련이 있기 때문이다. 나머지 행복의 50%는 구체적 경험이다. 그것은 쾌락에 뿌리를 둔 기쁨과 즐거움 같은 긍정적 정서다. 이런 경험은 본질적으로 뇌에서 발생하는 현상이기 때문에 철학이 아닌 생물학적 논리로 접근해야 한다.

건강과 행복

●

 "돈을 잃는 것은 조금 잃는 것이요, 명예를 잃는 것은 많이 잃는 것이요, 건강을 잃는 것은 모두를 잃는 것이다."라는 격언이 있다. 건강하지 않으면 매사에 의욕이 없어지고 모든 게 귀찮아진다. 삶의 희망이 줄어들고 사는 의미를 상실하기 때문에 가장 중요하다고 본 것이다.

 아무리 돈이 많고 지위가 높은 사람이라 하더라도 건강하지 못하면 삶의 의욕이 없어지고 불행하다고 생각할 것이다. 건강한 육체에 건전한 정신이 깃든다고 하지 않는가. 몸이 아프면 마음도 약해지기 마련이고 비관적이 되기 쉽다.

 오래 살아도 건강하게 살아야 의미가 있지 병석에 누워서 100수를 한들 무슨 소용이 있겠는가……

 건강하게 살려면 어떻게 해야 할까? 일단 건강한 유전자를 타고나야 한다. 학자들은 사람의 건강이 타고나는 것 50%, 관리가 50%라고 말한다. 내 생각은 70~80% 정도를 타고나는 것이고 나머지 약 30%는 관리로 본다. 고혈압, 당뇨 등은 유전적 질환이고, 암도 유전적인 요인이 많다는 연구결과가 나와 있다. 일단 건강한 체질을 타고나야 하고 그 다음에 관리를 잘하면 건강하게 오래 살 수가 있다. 건강한 체질을 타고나야 병 치레를 잘하지 않는다는 얘기다. 선병적 체질 즉 병에 잘 걸리는 체질을 타고나면 감기를 달고 살거나 나이가 많아지면 고혈압이나 당뇨 등 성인병을 잘 앓게 된다.

체질을 잘 타고났더라도 관리를 잘 못하면 명대로 살지를 못한다. 흡연과 과음을 하고 과로를 하는 등 몸을 마구 굴리면 탈이 나게 되어 있고 수명을 단축한다. 반면에 "골 골 팔십"이라는 말처럼 몸이 약해 병 치레를 잘할지라도 관리를 잘하면 80세까지 산다는 의미이다. 관리를 잘 하면 오래 살 수 있다는 얘기다. 무병장수가 아니라 일병장수라는 말이 생겨난 것이다. 몸이 약하고 지병이 있으면 건강관리를 철저히 하게 되어 오히려 오래 산다는 의미이다.

지금을 백세시대라 한다. 수명이 자꾸 늘어나 어지간하면 백세까지 산다는 얘기다. 우리나라의 평균수명이 최근 통계로 남자 79세, 여자 84세로 발표되었다. 50여 년 전에 비하면 약

20년 늘어난 수치다. 그 시절에는 60세만 되면 오래 살았다고 환갑잔치를 거창하게 해주며 축하했다. 지금은 환갑이라고 잔치하는 사람은 거의 없고 칠순, 팔순도 가족끼리 모여서 식사하는 정도로 하고 해외여행 가는 걸로 잔치를 대신한다. 시대가 바뀌면 사회 풍습도 바뀐다. 장수시대의 새로운 풍습이다.

"건강은 건강할 때 지키자!"는 격언처럼 예방차원에서 건강관리를 해야 한다. 건강검진을 자주 하고 예방주사를 제때 맞는 게 중요하다. 그리고 섭생에 신경 써야 한다. 규칙적인 생활을 하고 잠을 충분히 자는 것이 좋다. 식생활도 중요하다. 싱겁게 먹고 과식하지 말아야 하고 육식과 채식의 균형을 잘 맞춰야 한다.

평소에 운동을 해야 건강하게 살아갈 수가 있다. 운동은 여러 가지가 있지만 자기 적성에 맞는 운동을 선택해서 꾸준하게 오래 하는 게 바람직하다. 그리고 유산소 운동과 근육운동을 겸하는 게 좋다. 우리가 평소에 꾸준하게 할 수 있는 운동은 조깅(달리기), 수영, 자전거 타기, 축구, 농구, 등산, 테니스, 골프, 배드민턴, 태권도, 유도, 복싱 등 다양하다 그러나 매일 적당히 하는 게 좋고 운동선수들이 기초체력을 올리기 위해서 하는 "웨이트 트레이닝"이라고 하는 기구를 이용한 근육운동을 겸하는 게 바람직하다. 특히 중년 이후에는 근육 량이 줄어들고 복부비만이 오기 때문에 유산소 운동과 근육운동을 꼭 겸해서 해줘야 한다. 근육운동은 헬스클럽에 가서 제대로 배워서 하면 좋겠지만 여건이 안 되면 집에다 운동기구를 몇 가지 사놓고 꾸준하게 하면 된다. 테니스, 골프, 수영, 배드민턴 등을 할 여건이 안 되는 경우 유산소 운동으로 동네 주변이나 공원을 산책하거나 조깅으로 대신하면 된다.

운동을 과하게 하는 건 오히려 건강에 해로울 수가 있다. 과격한 운동을 한 선수는 장수하기 어렵다. 적당한 운동을 꾸준하게 하는 게 중요하다. 나의 경우 대학 다닐 때 배운 테니스를 칠십대가 다 되어가는 지금까지 하고 있다. 테니스가 나의 건강을 지켜주고 스트레스 해소를 시켜주어 내 삶에 많은 도움이 되었다고 생각한다. 아침 출근 전 한 시간 정도 하는 운동은 보약과 같다. 지금은 테니스와 헬스를 같이 하고 있다. 나이가 많아지면 근육 량이 줄어들기 때문에 근육운동이 꼭 필요하기 때문이다. 거기다 약사이기 때문에 영양제를 다양하게 챙겨 먹는다. 그래서인지 감기를 거의 하지 않고 지내며 병원 신세를 진 적이 거의 없다. 건강하고 젊게 살기 때문에 나이를 잊고 산다. 남들이 내 나이보다 5~10년을 젊게 봐 주니 기분 좋은 일이다.

　철학자인 김형석 교수가 최근에 쓴 "백세까지 살아보니" 라는 책에서 자기는 젊을 때부터 아침 산책과 수영을 해왔고 백세가 다 되어가는 지금도 일주일에 두세 번 수영을 하고 있다고 하면서 건강비결로 수영과 소식을 들었다. 적게 먹고 적당한 운동을 꾸준하게 하는 게 장수 비결이라는 얘기다. 그리고 65세에서 75세 사이가 건강하고 행복한 기간이었다고 했다. 이때가 정년퇴임을 하여 일에서 해방되었고 아이들도 독립하여 부양 의무가 없고 자기 하고 싶은 걸 하면서 여유롭게 살기 때문이라는 것이다. 노후에 돈이 많아야 행복하다지만 건강해야 노후가 행복하다. 건강하지 않으면 돈이 아무리 많아도 재미있게 쓸 수가 없다.

　건강은 건강할 때 지켜야 한다. 병이 나기 전에 예방하는 게 최선이라는 얘기다. 예방차원에서 할 일은 많다. 담배를 끊고, 술은 줄이고 식사는 제 때에 하고 과식은 안 된다. 채식과 육식의 균형을 맞추어 건강 식단으로 맛있게 먹어야 한다. 건강을 위해서 운동을 해야 하고 하루에 한 시간 정도 꾸준하게 해야 효과가 있다. 예방주사를 제 때에 맞고 건강검진을 자주 해야 한다. 거기다 나이에 따라 성별에 따라 적당한 비타민과 영양제를 먹어주어야 한다. 유아의 경우 유산균과 비타민B가 포함된 영양제를 먹이고, 성장기의 아이들의 경우 미네랄이 포함된 비타민제를 먹이면 성장에 도움이 되고 감기 예방이 된다. 그리고 눈이 안 좋으면 눈 영양제를, 빈혈이 있으면 철분제를 복용하는 게 좋다. 청년기에도 마찬가지다. 중년이 되면 비타민 등 영양제를 꼭 챙겨 먹는 게 좋다. 좋은 컨디션을 유지하기 위해서와 성인병 예방을 위해서 이다. 종합 비타민과 오메가3 등 영양제와 건강기능식품을 꾸준하게 복용하는 게 좋다. 여성의 경우는 비타민 등 영양제에다 골다공증 예방약, 갱년기 장애 예방약 등을 같이 복용해야 한다. 이렇게 하면 늘 건강하고 무병장수 할 수 있다. "건강은 건강할 때 지키자!"

돈과 행복

　돈이 많으면 행복할까? 보통은 그렇게 생각할 것이다. 돈이 행복과 꼭 비례하는 건 아니지만 생활에 불편하지 않을 만큼은 있어야 된다. 영어로 가난은 poor이다. 불쌍하다는 뜻과 같다. 가난은 불편하고 비굴해지기 쉽다.

　미국의 연구 기관에서 최근에 조사한 걸 보면 월수입이 2천 불 이하인 사람의 행복도가 현저히 떨어졌고, 5천불인 사람의 행복도가 2천불인 사람에 비해 많이 높았고, 만 불인 사람은 5천불인 사람보다 행복도가 약간 높았고 2만 불, 3만 불인 사람과는 거의 비슷했다고 한다. 가진 돈에 비례해서 행복이 꼭 증가하는 건 아니지만 어느 정도 돈이 있어야 행복하게 살 수 있다는 게 증명이 된다. 가난해도 마음을 비우고 부자를 부러워하지 않으면 행복할 수 있다는 건 가진 자가 못가진자를 위로하기 위한 말일지 모른다. 부자가 더 행복할 가능성은 높다.

물론 수도자나 스님, 수녀, 신부 등은 속세와 등지고 살기 때문에 일반인들과는 달리 가진 게 없어도 행복할 수가 있을 것이다.

법정스님이 "무소유"라는 책에서 무소유를 주장하여 세간에 화제가 되었고 베스트셀러가 되었다. 가진 게 많을수록 관리를 위해 신경을 많이 쓰게 되고 불행해질 수 있으니 아무것도 가지지 않는 게 오히려 행복하다는 논리였다. 불교 용어인 "空手來 空手去" 빈손으로 왔다 빈손으로 간다는 뜻과 비슷한 의미이다. 스님이 생전의 강연에서 "나 같은 중은 무소유가 가능하지만 여러분은 불가능하다."라고 피력하면서 아무것도 가지지 말라는 의미가 아니라 너무 많이 가지려 하지 말라는 뜻이라 했다. 서로 많이 가지려 하다 보니 싸우고 범죄가 발생하는 것 아닌가. 자본주의 사회는 많이 가지도록 부추긴다. 물질 만능주의가 팽배하고 과잉 생산시대가 되어서 그렇다. 다른 사람은 갖고 있는데 자기에게 없으면 소외감을 느끼게 되고 어떻게 해서라도 가지려드는 게 인간의 본성이다.

현실은 작은 차 보다는 큰 차를 타는 게, 작은 집 보다는 큰 집에 사는 게, 싼 옷보다는 비싼 옷을 입고, 일반식당에서 식사하는 것보다 호텔 등 고급식당에서 식사를 하는 게 더 행복하다고 생각한다. 잘 먹고 잘 입고 잘 사는 게 행복인 건 틀림이 없지 않은가. 옛 말에 잘 사는 것을 호의호식(好衣好食)한다고 했다. 잘 입고, 잘 먹고사는 게 해복하게 사는 것이라 생각했다. 지금은 호의호식에 호가(好 家) 호차(好 車) 즉 좋은 차, 좋은 집이 추가되었다.

 자본주의 사회는 돈이 최고라는 인식 때문에 돈을 많이 가지려 과한 욕심을 내다보면 많은 사회문제가 생긴다. 부정을 하거나 횡령을 하여 패가망신하는 경우가 있다. 우리 사회의 성공 기준은 돈과 명예 아닌가. 돈을 많이 벌면 성공했다고 하고 직위가 높아지면 성공했다고 한다. 돈과 명예를 다 가지면 좋겠지만 누구나 다 돈과 명예를 가질 수 있는 건 아니고 성공할 수 있는 것은 아니다. 성공한 사람은 행복하고 성공하지 못한 사람은 불행한가? 꼭 그렇지는 않을 것이다. 많은 돈과 큰 명예를 얻지 못하였어도 나름대로 열심히 살고 별 어려움 없이 즐겁게 살아왔으면 행복하게 산 것이다. 나의 경우를 보면 그 시절 흔하지 않은 대학 공부를 하여 좋은 직장에 취업하였고 약국 개업 후에는 경제적인 면에서 별 어려움 없이 살아왔다. 그래도 수양이 부족해서인지 잘되는 약국을 부러워하고 재벌을 부러워했었다. 지금은 아니지만... 요즘 젊은이들이 하는 말 중에 "부러워하면 지는 것이다!"라는 말처럼 부러워하고 시기 질투하면 스트레스받고 불행해진다. 그러나 성공한 사람이나 부자를 자기의 "멘토"로 삼아 열심히 노력하는 건 행복일 것이다.

"다다익선"이라는 말처럼 돈은 많을수록 좋을까? 꼭 그런 건 아니다. 사람이 살아가는데 불편하지 않을 만큼의 돈이 있고, 즐겁게 돈을 잘 쓰면서 살고, 여유 있는 삶을 살면 행복하게 사는 것이다 돈과 행복은 꼭 비례하는 건 아니다. 사는데 불편하지 않을 만큼의 돈이 있으면 된다.

취미생활과 행복

●

　사람이 일만 하고 살 수는 없다. 일을 하다 쉬어야 하고 일이 없는 휴일이나 출근 전이나 퇴근 후 남는 시간에 그냥 놀기보다는 건전한 취미생활을 하는 게 좋다. 쉬는 날 하루 종일 낮잠만 자고 TV를 보면서 보내는 건 아무런 의미가 없다. 마음 근육을 키워주고 몸을 튼튼하게 해주는 건전한 취미생활을 해야 행복해진다. 좋은 취미 활동은 삶을 윤택하게 해주기 때문이다.

　취미는 크게 두 가지로 나눌 수가 있다. 정신적인 것과 육체적인 것이다. 정신적인 취미는 독서, 서예, 바둑, 그림 그리기, 음악 감상, 악기 연주, 수집 등이고 육체적인 취미는 주로 운동 종류이다. 축구, 탁구, 야구, 스키, 베드민턴, 테니스, 골프, 파크골프, 게이트 볼, 수영, 달리기, 헬스, 에어로빅, 댄스, 요가, 승마, 등산, 자전거 타기 등과 낚시, 여행, 사진촬영, 오락, 당구 등 복합적인 것 등 다양하다. 정신적인 취미 즉 실내에서 하는 취미생활과 육체적인 취미 즉 몸을 움직이고 야외에서 활동하는 취미생활을 같이 하는 게 바람직하다. 음식도 편식이 좋지 않고 육식과 채식을 같이 하는 게 몸에 좋듯이 취미생활도 정신적인 취미생활과 육체적인 취미생활을 병행해서 하는 것이 바람직하고 건강에 좋다. 자기 적성에 맞고 건전하고 건강에 도움이 되는 취미생활을 하는 게 중요하다. 취미생활은 퇴패적인 것은 안 되고 건전하고 유익한 것이어야 한다.

일에서 보람이나 성취감을 못 느끼는 사람도 취미생활에서 보람과 성취감을 맛볼 수가 있다. 주객이 전도되어 일보다 취미에 더 심취하는 경우가 있지만 바람직하지는 않다. 나아가 취미 쪽으로 직업을 바꾸는 사람도 있다. 테니스를 너무 좋아하여 직장을 그만두고 테니스장을 운영한다든지 독서를 좋아하여 서점을 연다든지 하는 경우가 간혹 있다. 취미생활이 직업이 되면 좋겠지만 취미가 일이 되고 나면 신경 쓰이고 스트레스를 받기 마련이다. 일과 취미는 대하는 태도가 달라진다.

취미생활에 심취하여 경지에 오른 사람을 일본에서는 "오타쿠"라 하여 존경의 대상이 된다고 한다. 서양에서는 "메니아"

라고 하고 우리나라에서는 "낚시 광, 독서 광"이라 하여 좋은 의미의 "미친 사람"이라는 "광"자를 부친다. 그러나 취미생활이 생업에 지장을 주는 건 좋지 않다. 일하지 않는 시간이나 일이 없을 때 즐기기 위해서 하는 게 취미생활 아닌가.

취미활동은 돈과 시간이 들어가기 때문에 자기 능력에 맞는 걸 선택해야 한다. 특히 골프의 경우가 그렇다. 나도 50대 때 친구의 권유로 몇 년 해봤지만 테니스를 오래 해 와서 그런지 잘 되지를 않고 경제적인 부담이 되고 시간이 부족하여 그만두고 말았다. 요즘은 주중에는 테니스를 하고 주말에는 등산을 하며 보낸다. 나에게 맞고 경제적 부담도 적다. 평소에는 책을 읽는 걸 좋아하니 나의 취미는 독서, 테니스, 등산이지만 앞으로 은퇴하면 악기 연주와 낚시를 취미생활에 추가할 작정이다.

사람이 취미생활 없이 일만 하고 산다면 얼마나 무미건조 할까? 다양한 취미생활을 하면 지루할 틈이 없다. 좋아하고 적성에 맞는 취미생활을 하면 삶이 즐거워진다. 삶이 즐거우면 행복한 것 아닌가. 은퇴 후에도 다양한 취미생활을 하면서 지내면 지루하질 않고 삶이 즐거워진다. 직장에서 정년퇴임을 하거나 일을 그만 둘 때는 나이가 60대 전후이다. 그때 새로운 취미생활로 골프나 테니스 등 운동 종류를 시작한다는 건 쉽지 않다. 젊을 때 취미로 만들어 놔야 은퇴 후에도 자연스럽게 할 수 있다. 물론 은퇴 후에 새로운 취미 즉 운동 종류에 도전해보는 것은 좋은 일이다. "도전은 아름답다"라는 말이 있다. 젊을 때부터 다양한 취미생활을 하면 삶이 즐겁고 건강에 도움이 되어 행복한 삶에 많은 기여를 할 것이다.

나는 현재 취미생활로 독서와 테니스, 등산을 하고 있다. "책 속에 길이 있다"는 말처럼 책을 읽으면 직접 경험할 수 없는 걸 다양하게 경험할 수가 있어 좋다. 말은 기록이 안 되고 순간적으로 내뱉는 경우가 많지만 책은 기록으로 남기 때문에 심사숙고해서 쓰는 것이라 생각한다. 방송보다 신문의 신뢰도가 높은 것도 그런 의미이다. 독서는 현대 생활에서 필수적으로 해야 하는 것이라 취미로 분류하기보다 현대인은 누구나 꼭 해야 하는 "필수적인 생활"로 분류해야 한다는 사람도 있다. 그러나 대부분 독서를 취미로 분류한다. 독서와 글쓰기는 고등학교 때부터 해온 나의 취미이다. 테니스는 대학 다닐 때부터 시작해서 중간에 부상으로 잠깐 쉰 것 외에는 거의 평생을 해왔다. 일 보다 더 열심히 한 적도 있다. 중간에 골프 등 다른 취미 활동을 해 봐도 워낙 테니스에 심취해 있어서 그런지 잘

되질 않았다. 취미 생활은 여유가 되면 다양하게 하는 게 좋다. 물론 취미 생활은 일에 지장이 없을 정도가 좋고~~~~

결혼과 행복

●

 "결혼을 해도 후회하고 안 해도 후회한다."는 말이 있다. 인생이 완벽할 수가 없으니 어차피 후회하게 되어있다. 결혼을 한다고 해서 행복이 보장되는 게 아니기 때문에 후회할 수가 있고, 결혼을 안 하면 "결혼을 했으면 더 행복했을 텐데" 하고 후회할 것이기 때문이다.

 결혼이라는 제도는 인류가 만들어 낸 제도다. 다른 동물들은 짝을 지어 암수가 새끼를 낳고 키우고 하면서 살지만 결혼이라는 절차를 밟지는 않는다. 사람은 서류를 만들어 보관하고 결혼식을 올려 주변에 공표하는 등 다른 동물과 다르다. 결혼이라는 제도가 불편해서인지 유럽 특히 프랑스는 결혼을 안 하고 동거하는 부부가 결혼한 부부 숫자보다 더 많다고 한다. 결혼이라는 제약을 받지 않고 자유롭게 살고, 헤어지고 하고 싶어서 일 것이다. 사람은 누구나 규제나 간섭 없이 자유롭게 살고 싶어 하는 본능이 있다.

　우리나라에서 결혼을 안 한다는 말은 동거 생활도 안 하고 그냥 혼자 산다는 것을 의미한다. 결혼을 안 하면 험한 인생의 바다를 배우자와 함께 가 아닌 혼자서만 헤쳐 가야 하기 때문에 힘들고 외롭다. 본능적인 욕구를 억제해야 하는 고통이 있고, 2세를 두고 키우는 재미를 못 보게 되고, 자기가 이룬 걸 자식에게 물려주고 싶어도 물려주지를 못하고, 어려운 일이 닥쳐도 혼자 해결해야 하며 외롭고 사는 보람이 훨씬 적다.

　결혼은 내 반쪽을 찾는다는 말처럼 사람이 성장한 후 죽을 때까지 긴 시간을 같이 할 인생의 반려자를 찾는 일이다. 결혼 상대는 서로 가치관이 같아야 하고 서로 보완이 되는 관계여야 하고 내조, 외조라는 말처럼 배우자가 잘 되도록 밀어주는 관계가 되어야 한다. 학교 운동회 때 하는 이인 삼각 달리기처럼 서로 호흡이 잘 맞아야 한다는 얘기다.

　행복한 결혼은 서로 깊이 사랑하는 사이로 겉 궁합, 속궁합이 다 잘 맞아야 한다. 중매결혼이나 정략결혼 등은 성공할 확률과 실패할 확률이 반반이다. 중매결혼은 연애결혼보다 상대를 깊이 알지 못하고 결혼하기 때문에 결혼해서 살아보면 서로 안 맞을 가능성이 있어 이혼할 확률이 높다고 볼 수가 있다.

연애결혼이 바람직하다는 얘기다. 서로 안 맞으면 이혼하면 된다지만 이혼하고 재혼한다는 게 쉬운 일이 아니다. 특히 아이가 있으면 더 그렇다. 결손 가정의 아이들이 잘 못 되는 경우가 많기 때문에 이혼도 재혼도 어렵다는 것이다.

"레즈비언" "게이"라 해서 동성애자를 말하고 서양에는 동성애자가 합법적으로 결혼할 수 있는 나라가 있다. 동성애자를 정신질환으로 보고 터부시 하며 결혼을 허락하지 않는 나라가 대부분이다. 동성끼리 결혼은 비정상이기 때문이다. 남녀가 만나서 정상적인 결혼 생활을 하고 아이를 출산하고 해야 인류가 멸망하지 않을 것 아닌가. 남녀가 결혼을 해도 아이를 낳지 않는 경우가 있지만 인류애적인 측면에서는 바람직하지 않다.

인간의 행복은 남녀가 사랑하고 결혼하고 아이 낳아 기르고 하는데서 가장 많이 느낄 수가 있다. 스님이나 신부, 수녀처럼 결혼하지 않고 종교 활동만 하는 사람은 인간적인 행복 즉 본능적인 행복은 포기하고 영적인 행복, 정신적인 행복을 추구하는 것이라 속세의 행복과 개념이 다르다.

결혼을 하고 안 하고는 자기의 선택이다. 결혼을 하는 게 불행해질 수도 있지만 행복해질 가능성이 높기 때문에 결혼하는 게 바람직하다고 보는 것이다. 우리나라 속담에 "구데기 무서워 장 못 담그나"라는 말처럼 이혼하거나 불행한 결혼생활을 하는 일부의 사람을 보고 과대평가하여 결혼을 안 하는 건 자기 인생에서 행복하게 살 기회를 놓치는 우를 범하는 것이다. 결혼을 해도 후회하고 안 해도 후회한다면 해보고 후회하는 게 낫지 않을까? 어차피 인생은 한 번 뿐인데……

제2부_

세대별 행복

세대별 행복

　사람이 태어나고 성장하고 늙어 가면서 느끼는 행복은 다를 것이다. 운명론자들은 사주 즉 사람이 태어난 해와 달과 일과 시에 따라 그 사람의 행, 불행과 길, 흉이 결정된다면서 점을 치기도 한다. 옛날 사람들이 살아온 일생을 데이터베이스해서 부자로 살게 된다, 출세하게 된다는 등 대충 예측한다. 맞을 확률은 반반이다. 사람은 태어나는 날이 중요한 게 아니고 어떤 집안에서 태어나느냐가 중요하다. 금 수저로 태어나느냐 흙 수저로 태어나느냐에 따라 인생이 달라진다. 금 수저로 태어나면 어린 시절은 행복할 것이요, 흙 수저로 태어나면 어린 시절이 행복하지 못할 가능성이 높다.
　유아 시절에는 건강하게 태어나서 우유를 먹는 것보다는 모유를 먹고 자라는 게 행복할 것이다. 건강한 부모 사이에서 태어나면 건강한 유전자를 물려받았을 것이고 모유를 먹으면 저

항력이 강해져 병 치례를 덜 할 것이기 때문이다. 유아는 안 아프고, 먹고 싶을 때 먹고, 자고 싶을 때 자면 행복한 것이다. 유아에서 차차 자라 어린이가 되면 사는 환경이 좋아야 행복하다. 경제적으로 여유가 있는 집이면 좋고, 부모의 교육 수준이 높고 사는 곳이 고급 주택 가면 더 좋을 것이다. "맹모삼천지교"처럼 좋은 환경에서 자라야 건강하고 훌륭한 사람이 될 가능성이 높아진다. 맹자 어머니의 선택처럼 시장바닥이나 공동묘지 근처보다는 조용한 주택가가 어른뿐만 아니라 아이들의 행복도가 더 올라갈 것이기 때문이다.

초등학교부터 중, 고등학교에 다니는 10대에 행복하려면 일단 공부를 잘해야 한다. 덩치가 있어 다른 아이에게 왕따를 당하지 않아야 하고 건강해야 한다. 그리고 집안의 형편이 좋아 입고 싶은 것, 갖고 싶은 것, 하고 싶은 것을 다하고 살면 행복한 것이다. 부모의 보살핌을 받는 어린 시절은 부모의 영향이 아주 크다.

20대 때는 대학을 다니고 남자는 군대를 갔다 오는 시절이다. 대학을 못가는 사람도 일부 있지만 대학 때가 인생에서 제일 좋은 시절이다. 자유가 많아 행복하다. 돈벌이 할 걱정이 필요 없고 학교 수업도 많지 않아 토요일, 일요일은 쉬고 거기다 방학이 길어 해외여행 등 하고 싶은 걸 할 수 있어 좋다. 고등학교 때 못한 술 담배를 할 수 있고 또 연애를 할 수 있어 더욱 좋다. 일부 가난한 학생은 아르바이트를 해서 학비를 벌어야 하는 경우가 있지만 알바 그 자체가 좋은 경험이 되고 대학시절의 낭만이 된다. 대학시절은 원대한 꿈이 있고 건강하고 열정이 있어 뭐든지 하면 될 것 같아 희망이 넘치는 시절이기 때문에 행복하다.

30대는 사회에 진출하여 직장을 다니고 결혼하는 시절이라 상당히 중요한 시절이다. 직장은 급료가 많아야겠지만 자기 적성에 맞아야 일이 즐겁고 행복하다. 월급이 조금 적더라도 장래성이 있고 자기가 좋아하는 일이면 더욱 좋다. 이때 결혼을 해야 하는데 결혼은 정말 중요하다. "인 륜 지 대 사"라는 말로 표현하기도 한다. 인생에서 가장 큰 일이라는 얘기다. 인생의 약 2/3를 좌우한다. 서로 사랑하고 잘 맞는 사람과 결혼해야 나머지 인생이 행복하다.

40대, 50대는 열심히 일하고 열심히 자식 키우면서 바쁘게 살 때다. 이때는 직장에서 승진이 잘되고 아이들 건강하고 공부 잘하고 부부 사이 좋으면 행복한 것이다. 세상일이 순조롭게 잘 풀리기만 하면 모두가 행복하겠지만 안 그런 사람도 있을 것이다. 난관을 극복하고 새로운 희망을 갖게 되면 행복 도는 더 올라가기 마련이다. 화목한 가정에서 행복을 느끼고 일과 취미생활에서 행복을 찾아야 할 때다.

60대, 70대는 은퇴할 때다. 이 시기에 행복하려면 건강해야 하고 경제적 여유가 있어야 하고 자식들이 잘되어 있어야 한다. 그리고 배우자가 건강하게 살아 있고 금슬이 좋으면 금상첨화다. 이 시기는 인생의 황혼기라 삶이 서글퍼지고 사는 재미가 없다고 생각하기 쉽다. 그러나 결코 낙담해서는 안 되고 희망의 끈을 놓치지 말고 뭔가 새로운 걸 추구하면서 긍정적으로 살아야 된다. 그렇게 해야만 행복해진다.

동양의 성현 공자는 15세에 학문에 뜻을 두고(志學), 30세에는 뜻을 확실히 세웠고(而立), 40에는 미혹하지 않았고(不惑), 50세에는 하늘의 명을 알았으며(志 天命), 60에는 귀가 뚫려 한번 들으면 이치를 알 수 있었고(耳順), 70세가 되어서는 마음먹고 하고 싶은 대로 해도 법도에 어긋나지 않았다(從心)고 했다. 사람은 나이에 따라 인생을 생각하는 게 달라진다는 의미이다. 그래서 세대에 따라 관심이나 행복도가 달라지기 마련이다. 20세가 느끼는 행복과 60세가 느끼는 행복은 똑같을 수가 없다.

인종과 행복

●

백인이 황인종이나 흑인보다 행복도가 더 높을까? 지구상의 선진국은 대부분 백인들이 차지하고 있다. 그들은 유목민의 후손이라 동적이고 진취적이라 산업화를 먼저 하여 잘 살게 되었다. 경제적으로 잘 산다고 반드시 행복한 건 아니지만 사회제도 등 사회여건이 좋아지면 행복도가 올라가기 마련이다. 나라별로 행복도를 조사 한 걸 보면 북유럽의 나라들이 대부분 상위권을 차지한다. 북유럽은 백인들이 사는 나라 아닌가.

흑인은 인류 최초의 문명 발생지인 아프리카에 주로 살고 있다. 그들은 열악한 환경 탓에 가난하게 살아왔고 가난하게 살다 보니 유럽 등 선진국의 식민지가 되어 그들의 지배를 받았다. 그리고 미국으로 노예로 팔려가기도 했다. 흑인은 아프리카 다음으로 미국에 많이 살지만 아직 인종 차별이 있고 대체로 가난하다. 부의 대물림이 아니라 가난의 대물림이다.

　황인종은 아시아에 주로 살고 있고 대부분 농어민 후손이다. 산업화가 백인들보다 늦어 백인을 추종하는 상태다. 동양 사람은 정적이고 개인보다는 집단을 우선시하고 체면을 중시하기 때문에 개인의 행복도 면에서는 서양사람보다 많이 떨어진다고 봐야 한다. 서양사람 들은 체면이나 집단보다는 개인의 행복을 우선시하고 그렇게 살고 있다. 가족끼리 나 연인 사이에 스킨쉽을 잘하고 사생활 보호를 잘 해주는 편이다. 자기의 행복을 위해서는 이혼도 쉽게 하고 용납되는 사회다. 그만큼 개인의 행복을 중시하는 사회라는 얘기다.

　백인으로 태어나면 다 행복하고 흑인으로 태어나면 다 불행한가? 그건 아닐 것이다. 흑인이라도 자기가 사는 사회에서 엘리트로 살고 모든 조건이 좋고 만족하면 행복하게 사는 것이고 백인이라도 그 사회에서 바닥을 헤매고 안 좋은 조건에서 어렵게 살면 불행한 것이다. 우리 속담에도 "용의 꼬리보다 뱀의 머리가 낫다"는 말이 있다.

　올림픽 경기에서 체력적인 면을 유심히 살펴보면 역시 백인이 제일 낫다. 그들은 유목민의 후손이라 유전적으로 고기를 많이 먹고살아 체격이 커지고 힘이 좋아졌을 것이다. 오랜 동안 그렇게 살다 보면 몸속의 DNA가 바뀌는 것이다. 그 다음이 흑인이고 종목에 따라 흑인이 더 강한 경우도 있다. 요즘은 황인종인 동양 사람이 잘 먹고 잘 살다 보니 서양 사람과 체격이 비슷해지고 운동경기에서도 우열을 가리기가 어렵게 되었다.

피부 색깔에 의해서 행복이 좌우되는 게 아니라 유전인자가 많이 작용하는 것이 아닌가 생각한다. 행복 DNA는 유전된다.

사는 지역과 행복

●

　사람이 사는 지역이 산악지대인지, 평야인지, 바닷가인지에 따라 기질이 다르고 행복에 대한 감수성도 조금씩 차이가 날 것이다. 개인의 취향에 따라 바다를 좋아하는 사람이 바닷가에 살면 행복할 것이요, 바다를 좋아하는 사람이 산악지대나 평야지대에 살면 행복도가 떨어질 것이다.

　사람이 사는 지역이나 기후에 따라 행복도가 달라질 수 있다. 열대지방에 사는지, 온대지방에 사는지, 한대지방에 사는지에 따라 조금씩 차이가 난다고 봐야 한다. 온대지방 쪽에 사람이 많이 모여 살고 대부분 잘 사는 걸 보면 온대지방의 사람이 행복도가 높다고 봐야 한다.

　너무 덥거나 너무 추우면 밖에 나가기 힘들어 실내에만 있게 되어 스트레스를 받기 쉽고 우울증에 걸리기 쉽다. 야외 활동을 하고 야외에서 운동을 하는 게 행복도를 올리는데 도움이 된다. 대부분 잘 사는 나라는 사계절이 있는 온대지방이다. 봄이나 가을만 있으면 살기에 편하고 활동하기 좋아 일의 능률이 올라가고 취미생활을 하기가 좋아 행복도가 올라갈 텐데 지구상에는 봄 -가을만 계속되는 나라는 없다. 여름만 있는 나라는 아프리카 등 많이 있다. 겨울에 덜 춥고 여름에 덜 더운 나라는 있어 대체로 살기 좋은 곳이라 사람이 많이 모여 산다. 유럽이나 일본, 미국의 중부 등이 여기에 해당되고 여름 날씨만 계속되어도 많이 덥지 않은 하와이 등 태평양 연안, 호주, 뉴질랜드, 미국의 LA 등이 기후 면에서는 살기 좋은 곳이다.

우리나라의 장수지역을 보면 주로 따뜻한 바닷가 지역인 남해였다. 그러다 요즘은 최고 장수지역이 서울 강남의 서초구라는 통계가 나왔다. 예전에는 자연환경이 좋고 생선이나 유제품 섭취를 많이 하는 지역에 사는 사람이 건강하게 오래 살았지만 요즘은 서울의 서초구처럼 부촌에 사는 사람들이 장수한다. 그들은 섭생을 잘하고 건강검진을 제때에 하는 등 건강관리를 잘하고 병원 접근성이 좋아 오래 사는 것이다. 우리나라 사람이 살고 싶은 지역으로 제주도, 부산을 꼽은 걸 보면 기후가 온화하고 바다가 가까운 곳을 선호하는 것을 알 수가 있다. 그 다음으로 서울 강남을 꼽았다. 사는 지역에 따라 평균

수명의 차이가 나고 행복도 또한 차이가 날 것이다.

　너무 춥거나 너무 더우면 사는 게 불편하고 고통스럽다. 고통스러우면 행복하지 않은 것이다. 아주 추운 알래스카 같은 곳은 인구가 늘지를 않는 이유가 기후 때문이다. 너무 더워도 짜증이 나고 의욕이 떨어져 행복도가 낮아진다. 열대지방이 대부분 그렇다. 아프리카나 동남아 사람들이 가난하고 살기 힘들어 유럽이나 다른 나라로 집단 이주하려는 것은 자기들이 사는 곳의 기후가 좋지를 않고 행복하지 않기 때문일 것이다.

직업과 행복

　어떤 직업이 행복할까? 대통령? 국회의원? 재벌? 판, 검사? 교수? 의사? 약사? 변호사? 어부? 농부? 연구원?…… 정답은 없다. 어떤 직업이든 장단점은 있기 마련이다. 시대가 바뀌면서 인기직업도 바뀌어 왔다. 예전에는 초등학생의 장래 희망직업이 대통령, 장군 등이 상위를 차지하다가 요즘은 연예인, 프로 운동선수 등이 상위를 차지한다. 그러다가 고등학생이 되면 현실적이 되어 사회에서 취업이 잘 되는 대학의 학과를 선택하게 되고 대학의 전공이 직업과 연결이 된다. 직업은 적성에 맞는 직업을 선택해야 일이 재미가 있고 성과가 좋다. 그러나 취직이 잘 되는 학과를 선택하다 보면 적성이 무시되는 경우가 많다. 적성에 맞지 않는 일을 하는 건 불행이다.
　우리나라의 경우 외환위기 이후 직업의 안정성 위주로 직업을 선택하다 보니 의사와 공무원이 최고의 인기 직업이 되었다. 적성은 무시하고 인기 있는 직업을 선택하면 일에 재미를 못 느끼고 성과도 좋지 않아 본인이나 국가로 봐서도 손해다. 적성에 맞지 않는 일을 하면 행복도가 떨어지기 마련이다.

직업에 귀천이 없다지만 옛날에는 사(士) 농(農) 공(工)상(商)이라 하여 선비 즉 관료를 최고로 쳤고 상업 즉 장사를 최하위로 쳤다. 지금은 많이 바뀌었다. 직업의 귀천이 거의 없어지고 순서도 바뀌었다. 중국은 "사상농공"이라 하여 상업을 공직 다음으로 친다. 그래서인지 중국사람들이 장사를 잘하고 상업을 중시하여 경제가 빨리 발전하고 있는지 모르겠다. 시대가 바뀌어도 사(士)가 사(師)자 돌림으로 바뀌어 의사, 약사, 교사 등이 인기 직업이 되었고 선호하는 직업이 되었다. 변호사, 회계사, 세무사, 도선사 등 사(士) 돌림은 예나 지금이나 알아주는 직업군이다.

최근 우리나라에서 직업만족도를 조사했는데 1위가 판사였고 2위는 도선사였고, 3위는 연구원 대학교수 등 이었다. 자기가 만족하는 직업이고 다른 사람이 인정하는 직업이면 좋은 직업이고 행복도가 높은 직업일 것이다.

민주사회는 직업선택의 자유가 있다. 그러나 인기 있는 직업이나 전문직은 진입장벽이 높다. 연예인이나 프로 운동선수가 되려면 재능을 타고나야 하고 많은 연습과 훈련이 필요하고 치열한 경쟁을 뚫어야 한다. 의사나 판사, 변호사 등 전문직이 되려면 공부를 잘해야 하고 집안의 경제력도 있어야 한다.

격언으로 전해오는 "직업에 귀천이 없다!" 는 말은 힘든 일을 하는 사람을 위로하기 위해 생긴 말이다. 세상이 변해 직업에 대한 인식이 많이 평준화되었다고 해도 좋은 직업과 덜 좋은 직업은 있기 마련이다. 전통적으로 인정하는 직업은 그에 상응하는 사회적인 예우를 해 준다. 예를 들면 법관이나 교수, 국회의원에 대한 장관급 예우나 변호사의 수임료, 의사의 진료수가를 높게 인정해주는 것 등인데 일반인들에 비해 상당히 높은 예우를 해준다. "사 농 공 상"의 전통은 아직 남아 있다고 봐야 한다.

자기가 좋아하고 잘하는 것 즉 적성에 잘 맞는 일을 직업으로 하면 행복도가 올라가 성공할 가능성이 높아진다. 적성에 맞는 일을 하면 즐겁고 아이디어가 잘 떠올라 성과가 좋아지기 때문이다. 적성에 안 맞는 일을 억지로 하면 일의 능률이 떨어지고 쉽게 지칠 것이다. 될 수 있으면 적성에 맞는 일을 선택하라. 그러면 행복도가 올라갈 것이다.

취미로 하면 즐거운 음악, 미술, 운동이 직업으로 하면 힘들고 스트레스를 받게 된다. 취미는 하다가 하기 싫으면 쉬거나 그만두면 되지만 직업은 그렇지 않기 때문이다. 근무시간이 정해져 있고 하기 싫어도 해야 하고 주어진 책임이나 임무 때문에 어쩔 수 없이 해야 하는 것이 일이다. 그러나 일을 즐거운 마음으로 하면 행복도가 올라간다.

　세상일이 자기 적성에 맞는 일만 할 수는 없다. 적성에 맞지 않더라도 노력하고 열심히 하다 보면 적응이 되고 잘하게 된다. 적성에 맞지 않는다고 자기 일을 소홀히 하면 안 된다. 적성에 안 맞고 힘든 일이라 하더라도 일을 즐겁게 생각하고 열심히 하다 보면 그 일이 좋아지고 적응이 되고 성과도 있게 마련이다.

　나의 경우도 젊을 때는 약국일이 적성에 맞지 않다는 핑계로 딴전을 많이 피웠는데 지금 생각해 보면 후회가 된다. 사람이 적성에 맞는 일만 하고 살 수는 없다. 적성에 맞지 않더라도 일에 몰입하여 열심히 하다 보면 적성에 맞아지고 성과가 나게 되어 있다. 나이가 들어 남들은 정년퇴임했을 나이에 일을 할 수가 있어 다행이라 생각하고 일을 즐기면서 하니 일이 재미가 있고 힘이 덜 든다. 열심히 하고 있다. 젊을 때 보다 지금이 일이 더 즐겁고 날짜가 가는 게 아쉬울 정도이다. 사람이 행복하려면 일이 있어야 하고 일이 즐거워야 한다.

욕구 충족과 행복

이 세상의 모든 동물은 욕구에 의해 살아간다. 본능적인 욕구를 충족시키기 위해 살아간다는 의미이다. 일반 동물은 단순히 본능적인 욕구에 의해 살지만 사람은 본능적인 욕구가 충족되면 한 단계 높은 욕망을 추구하고 또 한 단계 높은 욕망을 추구한다. 동물이나 사람은 욕구가 충족되면 만족감과 함께 행복을 느낀다.

사람의 욕구는 일반 동물과 달리 다양하다. 식욕, 성욕 등 가장 기본적인 것부터 명예욕, 자아실현의 욕구 등 차원 높은 것까지 다양하다는 얘기다. 미국의 심리학자 메슬로우는 인간의 욕구는 단계별로 상승해 간다고 했다.

인간의 가장 기본적인 욕구는 첫째가 생리적 욕구인 식욕, 수면욕, 성욕 등이고 둘째는 안전의 욕구인데 신체의 안정과 심리적 안정, 사회적 안정 즉 직업이나 주거의 안정을 바라는 욕구이다. 셋째는 소속과 애정의 욕구인데 단체에 소속되어 소속감을 느끼고 주위 사람들로부터 존재를 인정받고 사랑받고 싶은 욕구이다. 네 번째는 존경의 욕구이다. 사람이 어느 정도 기본적인 욕구가 충족되고 나면 칭송을 받거나 기관의 장이 되거나 정치인이 되고 싶어 하는 것처럼 이런 것이 존경의 욕구이다. 마지막 다섯 번째 욕구가 자아실현의 욕구이다. 자신의 가치관을 충실히 실현시키려는 욕구인데 삶에서 보람을 느끼며 아름답고 풍요롭게 살고 싶어 하는 차원이 높은 욕구이다. 자기의 뜻을 펴고 산다는 의미인데 누구나 바라는 바이지만 쉽지 않은 인생의 목표 중의 하나이다.

　사람의 욕구가 꼭 단계별로 충족되어 가는 것은 아니지만 순서가 바뀔 수가 있고 한꺼번에 모두를 추구할 수도 있는 것이다. 대부분의 사람은 기본적인 욕구가 충족되어야 차원 높은 욕구를 생각하게 된다. 밥 먹는 것도 해결이 안됐는데 존경의 욕구나 자아실현의 욕구까지 생각하지 못한다는 얘기다. 기본적인 욕구가 충족되고 마지막 단계인 자아실현까지 완성되면 행복한 삶이고 성공한 인생이 된다.

〈매슬로우의 욕구 5단계〉

민족과 행복

●

 세계에는 수많은 민족이 살고 있다. 피부색으로 구별되는 흑, 백, 황인종 말고도 나라마다 민족이 다르거나 같은 나라 안에서도 여러 민족이 섞여 살기도 한다. 피부색에 따라 행복도가 다를까? 같은 지역에 살아도 민족이 다르면 행복도가 다를까?

 피부 색깔에 따라 살펴보면 백인은 유목민의 후손으로 주로 유럽에 살아왔다. 그들은 체격이 크고 진취적이라 사회 발전이 빨라 선진국이 되었고 아프리카, 아메리카, 아시아 일부까지 식민지로 삼았다. 백인은 선민의식이 있고 대부분 잘 살기 때문에 행복도가 높다고 볼 수 있다. 황인종인 동양인은 주로 농경민 후손이다. 농경민은 한 곳에 몰려 살다 보니 집단주의 의식이 강해 개인의 행복을 무시하는 경향이 있다. 동양인은 대체로 체면을 중시하기 때문에 개인의 행복은 간과되기 쉽다. 흑인은 인류의 발생지라는 아프리카에 주로 살고 미국이나 남미에 많이 살고 있다. 흑인들은 대체로 가난해도 낙천적인 종족이다. 음악과 춤을 좋아하고 게으른 편이라 경제적으로는 가난하지만 행복도가 그리 낮지는 않을 것이다.

한 나라 안에서도 종족이 다르면 생활방식이나 언어까지 달라 그 사람들의 행복도 또한 달라지기 마련이다. 나라가 넓고 여러 민족이 모여 살면 그럴 것이다. 중국의 경우가 여기에 해당된다. 북방 민족과 남방 민족, 산악 민족, 위그루족, 조선족 등 각각 민족의 풍습이 다르고 생활 행태도 달라 행복도 또한 다를 것이다.

우리나라는 단일 민족이라 민족의 차이는 해당이 안 되고 지역의 차이에 따라 행복도의 차이가 조금씩 날 것이라 생각한다. 전라도와 경상도가 다르고 강원도와 제주도가 사는 환경이나 행태 그리고 그 지역 사람들의 기질이 다르기 때문에 행복도 또한 조금씩 다를 것이다.

민족이나 지역의 특성은 오래전부터 전해 내려오는 전통과 관습 그리고 자연환경이 복합적으로 작용한 결과이다. 더운 지방 사람은 대체로 게으르고 느긋한 편이다. 추운 지방 사람은 그 반대일 것이다.

우리나라는 반도라는 지역적인 특성과 농경민의 후손이고 외세의 침입을 많이 받고 살았다. 그래서인지 성질이 조급하고 배타적이라 서양의 선진국에 비해 행복도가 떨어진다고 볼 수 있다. OECD 국가 34개국 중 경제 수준은 10위권이지만 행복도는 30위권이고 바닥 수준이라는 얘기다.

자기가 사는 나라의 정치와 행복

●

　나라마다 정치체제는 원시시대부터 지금 까지 여러 형태로 바뀌어 왔다. 왕정시대에서 공화국 시대로 다시 공산주의와 자본주의 체제로 분화되었다. 공산주의는 거의 사라지고 자본주의 사회가 되었는데 정치 체제는 중국처럼 사회주의 체제인 경우 사우디아라비아처럼 왕정인 경우가 아직 존재한다.
　십여 년 전에 동유럽을 여행했는데 소련의 붕괴로 공산주의에서 자본주의로 바뀌어서 그런지 상인들이 불친절한 편이었다. 그리고 나이 많은 사람들은 공산주의가 더 좋았다는 사람도 있었다. 공산주의는 경쟁이 덜 심하고 국가에서 배급을 주는 등 나라가 다 해주니 편하다는 의미이다. 공산주의가 자본주의보다 더 행복할 수도 있다는 얘기다. 공산주의가 망한 이유는 경제 발전이 안 되고 삶의 질이 떨어져서 시장경제 체제로 바뀐 것이다. 소련, 중국, 동유럽의 나라들이 그런 케이스다.

　민주국가에서도 좌파정부냐 우파 정부냐에 따라 국민의 행복도가 달라질 수가 있다. 좌파정부는 사회주의적 개념으로 사회보장제도를 강화하고, 많이 가지고 있는 사람에게서 빼앗아 없는 사람에게 나누어 주는 등 평등한 사회를 추구하는 정치집단이다. 우파 정부는 보수적이고 시장경제 체제를 추구하여 능력이 있는 사람이 잘 살게 하고자 하는 정치집단이라 차이가 난다. 정치체제에 따라 국민의 행복도가 달라질 수가 있다.

　전 세계적으로 나라별 행복도를 조사한 걸 보면 북유럽의 노르웨이, 덴마크, 핀란드 등이 일등을 하는 경우가 많다. 이들 나라는 공산주의 국가가 아니라 자본주의 국가이면서 사회주의 체제가 가미된 나라이다. 단순히 GNP만 높은 게 아니라 사회체제나 국민들 의식이 선진국이어서 행복도가 높다고 한다. 다른 기관에서 조사한 경우를 보면 부자나라가 아닌 동양의 소왕국 부탄이 일등으로 나온 경우가 있다. 부탄은 GNP가 3천 불 밖에 안 되지만 정치가 안정적이고, 사회보장제도가 잘 되어있고, 국민들 대부분이 불교신자라 욕심이 없고 낙천적이라서 그렇다고 한다.

우리나라는 경제 수준은 세계 10위권이지만 행복 도는 OECD 국가 중 최하위로 나왔다. 그 원인은 분단국가라 안보에 대한 불안과 빈부격차가 심하고, 좌 우파가 만날 싸우는 등 정치가 불안하고 지역감정으로 화합이 잘 안 되고, 경쟁이 심한 사회라 일자리가 부족하고 자살률이 높아서 그렇다.

제3부_

사람의 체질과 행복

사람의 체질과 행복

●

　사람의 체질은 그 사람의 건강과 성격을 결정하는데 많은 연관성이 있다. 행복에 대한 감수성 또 한 체질에 따라 다르다. 조선시대의 학자 이제마 선생은 사람의 체질을 네 가지로 분류하여 체질에 따라 성격이 다르고 장부의 기질도 달라 잘 맞는 음식이나 체질에 맞는 약이 있다고 하였다.

　사람의 체질을 태양체질, 소양체질, 태음체질, 소음체질 등 네 가지로 분류했다. 우리나라 사람은 소양인과 태음인이 주를 이루고 소음인, 태양인 순이다. 소양인은 마른듯한 체질에 성질이 급하고 외향적인 사람이다. 태음인은 반대로 뚱뚱한 편이며 성질이 느긋한 사람들이다. 태양인은 숫자가 적은 편인데 뼈대가 굵고 활달한 성격을 가진 사람이고 소음인은 골격이 아담하고 성격은 부드러운 사람이다. 양인에게는 서늘한 음식이 맞다. 고기도 돼지고기가 맞고 닭고기나 염소고기는 안 맞는 편이다. 약재는 인삼이나 녹용도 잘 안 맞는 경우가 많다. 반대로 음인은 따뜻한 음식이 잘 맞는다. 소고기, 닭고기가 잘 맞고 인삼, 녹용도 잘 맞는 편이다.

체질에 따라 행복에 대한 태도나 감수성이 달라진다. 대체로 태음인이나 소음인은 성격이 느긋하고 낙천적이고 개인주의적인 기질이 있어 태양인이나 소양인보다 행복도가 높은 편이다. 소양인이나 태양인은 성질이 급하고 다혈질인 경우가 많아 마음에 상처를 받기 쉬워 행복도가 떨어지는 편이다.

양인은 섭생을 양인에 맞게 서늘한 음식을 섭취하고 느긋한 성격을 갖도록 노력하고 낙천적으로 살아야 한다. 태음인이나 소음인은 따뜻한 음식 위주로 자기에게 맞는 섭생을 해야 질병에 잘 걸리지 않는다. 그리고 성격을 외향적이고 사교적으로 바꾸는 노력이 필요하다. 타고난 성격이나 체질을 완전히 바꾸기는 어렵다. 그러나 꾸준히 공부하고 노력하면 개선이 될 수가 있고 개선이 되면 행복도가 더 올라가는 것이다.

사람은 행동이 바뀌면 습관이 바뀌고, 습관이 바뀌면 성격이 바뀌고, 성격이 바뀌면 "운명"이 바뀐다고 했다.

나라별 행복도

●

 가난한 나라에 사는 것보다는 부자 나라에 사는 게 더 행복하지 않을까? 부자나라 즉 GDP가 높은 선진국이 아무래도 평균 행복도가 높다고 볼 수 있다. 그러나 선진국에 산다고 모두 행복한 것은 아닐 것이다. 그 사회에서 적응이 잘 안되고 하층민으로 어렵게 살면 불행하다고 생각하기 쉽다. 가난한 나라에 살아도 중, 상류층으로 살고 자기 삶에 만족하고 산다면 행복하게 사는 것이다.

 행복도 조사에서 항상 상위를 차지하는 북유럽을 가보면 겉으로 봐서는 그렇게 잘 사는 것 같지를 않다. 차도 작은 차를 타고 집도 크지 않고 시내에 큰 빌딩이 많은 것도 아니다. 그런데도 GNP가 높고 행복도가 높은 것은 천연 자원이 많고, 빈부 차이가 거의 없고, 정치가 안정적이며 범죄가 거의 없어서이다. 단일민족에 사회보장제도가 잘되어 있고 계층 간에 갈등이 없으니 편안하게 살 수가 있어서 행복한 것이다. 그리고 사회제도와 인프라가 잘 갖춰져 있어 다양한 취미생활을 하면서 재미있게 살 수 있어 행복도가 올라간다. 어릴 때부터 좋은 환경에서 공부하고 취미생활을 다양하게 하면서 여가를 재미있게 즐기니 행복도가 올라가기 마련이다. 거기다 서양의 개인주의 문화로 다른 사람의 행복을 존중하고 자기의 해복을 추구하는데 있어서 다른 사람이나 집단의 눈치를 덜 본다는 것이 중요한 요인으로 작용한다.

아프리카의 빈국들은 일부 상류층을 제외하고는 열악한 사회 환경과 가난 속에서 살고 있어 그들은 유럽으로 집단 탈출하고 있다. 우리나라도 한때 미국으로 호주로 이민을 많이 갔다. 이민을 가는 건 자기가 사는 나라에서 살기가 어렵거나 더 잘 살아 보려고 국적을 버리고 다른 나라로 가는 것 아닌가. 누구나 선진국에 가서 살면 행복할 것이라는 기대를 갖고 이민 가는 것이다. 그러나 이민을 간다고 모두 행복해진다는 보장은 없다. 이민 가서 잘 살 수도 있고 못 살 수도 있는 것이기 때문이다. 북유럽 나라들은 이민을 받지 않는다. 만약 이민을 받는다면 수많은 사람이 몰려 갈 것이다.

유럽 다음으로 행복도가 높은 남미의 일부 국가의 경우는 경제적으로는 선진국이 아니다. 그런데도 행복도가 높은 것은 기후가 좋고 사람들의 기질이 낙천적이라 주어진 삶에 만족하고 즐겁게 살기 때문이다. 행복도가 GNP 하고 꼭 비례하는 건 아니라는 얘기다. 아시아의 산악지대에 있는 소왕국 부탄의 경우는 GNP가 낮지만 행복도 조사에서 항상 상위권에 들어가는 경우를 봐도 그렇다. 부탄은 농업을 주로 하는 나라로 불교 국가이다. 왕국이지만 정치가 안정적이고 고등학교까지 무상교육을 하는 등 사회보장제도가 잘 되어 있고 도둑 등 범죄가 거의 없어 국민들이 편안하게 살아갈 수가 있다. 대부분 불교신자라 사람들이 욕심이 없다. 현재의 삶에 만족하고 낙천적이기 때문에 행복도가 높은 것이다.

우리나라는 경제 수준에 비해 행복도가 낮은 것은 남미와 반대로 비관적인 국민성이 작용한 것이라 생각된다. 옛날부터 외세의 침입을 많이 받았고 전쟁을 경험했고 북한과 휴전 상태로 있기 때문에 항상 불안하다. 그래서 국민성이 배타적이고 비관적으로 되었다. 경제가 빠르게 성장하면서 황금만능주의가 팽배해지고, 생존 경쟁이 심해졌고, 빈부격차가 심해지면서 사회에 대한 불만이나 반감을 가진 사람이 많아졌다.

사회가 불안하고 각박해져서 행복도가 많이 떨어진 것이다.

일본이나 싱가포르의 경우 정치나 사회가 안정적이고 GNP가 높은 것에 비해서 행복도가 낮은 것은 동양 고유의 집단주의 문화 때문이다. 집단주의는 개인의 개성은 무시하고 자기와 똑 같이 하도록 강요하는 문화이다. 반대로 서양은 집단보다 개인의 뜻대로 선택하고 표현하는 것이 당연하다고 생각하는 것이다. 서양의 개인주의 문화가 행복도를 높인다. 동양은 집단이 개인에게 과도한 요구를 하고 이를 수용하지 않는 개인은 이기적이라고 낙인을 찍는 문화이기 때문에 개인 행복이 많이 희생된다. 우리나라, 일본, 싱가포르가 경제 수준은 높은 편이라도 대표적인 행복 부진 국가가 되는 이유가 집단주의 문화 때문이다. 특히 우리나라는 집단주의 문화와 체면문화 때문에 행복도가 많이 떨어진다.

종교와 행복

　행복의 조건을 말할 때 종교를 행복의 조건에 넣는 경우가 있다. 종교가 사람이 행복해지는데 도움이 된다는 얘기다. 종교가 있으면 심리적으로 안정이 되고 자기가 믿는 신이 자기를 도와줄 것이라고 생각하기 때문에 매사에 긍정적이 되어 행복도가 올라간다. 종교생활을 하면 교인끼리 교류를 하는 등 인간관계가 좋아지고 취미생활처럼 되어 재미를 느낄 수가 있다. 모든 종교의 교리는 사랑과 선을 실천하라고 하기 때문에 그렇게 하면 행복도가 올라가게 되어 있다.
　그러나 광적인 종교인들 때문에 비종교인이나 타 종교로 부터 비난을 받는 경우가 있다. 나아가 종교전쟁이 일어나기도 한다. 십자군 전쟁, 기독교와 이슬람과의 싸움, 이슬람 계파끼리의 싸움 등 인류에게 도움이 되라고 생긴 종교가 오히려 인류에게 부담을 주고 있다. 그래서인지 니체는 "신은 죽었다!"

고 주장했는지 모르겠다.

도킨스라는 작가는 "만들어진 신"이라는 책에서 종교는 인간들이 필요에 의해서 만든 것이고 종교가 이 세상에 없더라도 도덕으로 무장하면 세상은 얼마든지 안정적이 되고 살기 좋은 곳이 된다고 했다. 종교를 가진 사람만이 선이고 비종교인은 악이라고 하는 것은 종교인들의 집단 이기주의이고 편협한 생각이다. 우리의 삶에서 상대방을 이해하고 인정해야 원만한 인간관계가 되듯이 종교 사이에서도 서로 인정하고 존중하는 풍토가 되는 게 바람직하다.

종교가 인간의 삶에 기여를 해야지 부담이 돼서는 안 된다. 우리가 교회를 찾고 절을 찾는 건 마음의 위안을 얻기 위한 것 아닌가. 인간세상은 복잡하고 신경 쓸 일이 많고 스트레스도 많이 받는다. 그때 종교로 위안을 받고 힘을 얻는다면 인간의 삶에서 꼭 필요한 존재가 될 것이고 모든 사람이 종교인이 될 것이다.

종교를 가진 사람들의 행복도가 비종교인 보다 대체로 높다고 한다. 그 이유는 신을 믿으면 신이 나를 도와주겠지 라고 생각을 하게 되어 매사에 낙관적이 되어 그렇단다. 또 교리의 대부분이 사랑하라, 선을 베풀어라, 양보하라고 하니 긍정적 정서가 된다. 그리고 고통스러운 사람에게 위안이 되니 종교가 행복에 기여하는 것이다. 종교를 가지는 것이 행복한 삶을 사는데 도움이 되는 것은 틀림없는 사실이다.

연령별 행복

　사람은 나이에 따라 행복을 받아들이는 기준이나 행복에 대한 욕구가 달라질 것이다. 사람이 금방 태어나서는 그야말로 본능에 따라 움직인다. 배고프면 울고, 배설하고 싶으면 아무 때나 배설하고, 잠이 오면 자는 등 자기 마음 가는 대로 하기 때문이다. 배고플 때 먹지 못하거나 감기나 배탈 등으로 몸이 아프면 불행하다고 생각할지 모르지만 나머지 시간은 대부분 행복한 시간일 것이다.

　차차 자라 초등학교에 입학하고 나면 같은 반 친구들과 비교하게 되면서 공부, 외모, 집안의 경제사정 등에서 차이가 나면 열등의식을 느끼고 불행하다고 생각할 수가 있다. 반대로 외모가 준수하고 공부도 잘하고 집안의 경제사정이 좋고 하면 행복하다고 느낄 것이다. 어릴 때는 행복에 대한 생각이 단순하다.

20대가 되면 철이 들고 법적으로 성인이 되는 나이다. 이때는 아직 부모 슬하에 있는 시절이라 흙 수저, 금 수저 론처럼 금 수저로 태어나서 경제적으로 여유가 있고 좋은 집에 살고 명문대학에 다니고 많은 동성친구와 이성 친구가 있으면 행복한 20대가 될 것이다.

30대는 직업을 가지고 결혼을 할 때다. 자기가 좋아하고 적성에 맞고 사회에서 선망의 대상 이 되는 직업을 가졌으면 일단 행복하다고 볼 수 있다. 그리고 결혼을 할 때이다. 옛날부터 결혼을 "인륜지 대사"라 하여 인생에서 가장 중요하고 큰일이라 했다. 결혼을 잘해야 남은 절반의 인생이 행복하다. 반대로 잘 못하면 인생 전체가 불행해질 수가 있다. 결혼은 사랑하는 사이 라야 하고 가치관이 같고 서로 도와주고 보완이 되는 남녀가 만나야 된다. 그리고 겉 궁합, 속궁합이 골고루 잘 맞는 사이 라야 백년회로를 할 수가 있다. 결혼이 인생의 행복에 차지하는 비중은 아주 크다.

40대는 불혹의 나이라 해서 자기 일에 심취하여 흔들리지 않으며 사회활동을 열심히 할 때이다. 이때는 직장에서 승진이 잘되고, 사업하는 사람이면 사업이 잘되고, 아이들 잘 자라고 공부 잘하고 부부 사이좋고 하면 온전히 행복한 것이다. 제일 바쁜 시절이라 행복에 대한 생각조차 잘하지를 못 할 때이다. 어느 세대나 마찬가지겠지만 건강해야 하고 근심, 걱정이 없어야 행복하다.

50대는 지천명의 나이라 해서 하늘에서 자기에게 내려준 사명을 알게 되는 나이라는 뜻이다. 인생의 의미를 알게 된다는 뜻이기도 하다. 자기의 직업에서 어느 정도 성공을 하고 나이나 사회적 지위에 맞는 집이나 차를 갖고 있고, 건강하고, 자식들 공부 잘하고, 집안이 화목하면 행복한 것이다. 50대는 인생의 절정기라 할 수 있는데 자식들을 잘 키우고 자기도 사회에서 성공한 반열에 들어가야 행복한 삶이 된다.

60대는 직장에서 정년 퇴임하거나 일에서 은퇴할 나이다. 이때 행복하려면 노후보장이 잘 되어 있어야 하고, 건강해야 되고, 자식들이 잘 되어 있어야 걱정이 없고 노후가 편안하고 행복해진다. 요즘은 60대에도 일을 계속하는 경우가 많다. 일에서 보람을 찾고 여유를 갖고 취미생활을 열심히 하면서 건강을 잘 챙기면 행복도가 올라간다.

70대는 행복하려면 첫째 건강해야 하고 무리가 되지 않는 소일거리의 일이 있으면 더 좋다. 다양한 취미 활동을 하고 배우자가 건강하게 살아 있고 부부생활도 하며 자식들이 속 썩이지 않아야 한다. 70이 되면 확실한 노화를 경험하게 된다. 그렇다고 서글퍼하거나 비관하지 말고 낙천적 사고로 열심히 활동하면 행복해진다. 80대나 90대도 70대와 같은 사고방식과 생활 패턴을 유지하면 된다.

동양의 성현 공자님은 인생의 의미를 나이별로 구별 해 놓았다.

15세에 "而 志"라 하여 이때 학문에 뜻을 두었다. 현대에도 중2~3이면 자기가 장래에 하고 싶은 일이나 직업을 생각할 때이다.

30세 때는 "而 立"이라 하여 뜻을 확실히 세웠다는 의미인데 요즘으로 치면 직업이 확실히 정해진다는 뜻이다. 확실하게 할 일을 정하고 결혼도 할 때라는 것이다.

40대는 "不 惑"이라 하여 다른 일에 미혹되지 않았다는 뜻이며 요즘도 이 나이가 되면 자기 일에 자부심을 느끼고 자기 일을 열심히 하며 다른 사람의 직업을 부러워하지 않는다는 의미이다.

50대는 "知 天 命"이라 하여 자기의 능력의 한계를 알게 되고 자기 일에 사명감을 갖게 된다는 의미이다. 인생의 의미를 알게 되는 나이다.

60대는 "耳順"이라 하여 인생을 살만큼 살았기 때문에 남이 하는 말이나 세상의 이치를 잘 이해하게 된다는 의미이다. 인생에 대한 달관의 상태가 된다는 뜻이기도 하다.

70대는 "從心"이라 하여 마음 내키는 대로 살아도 법도를 넘지 않는다는 의미이다. 이 나이가 되면 절제력이 생기고 삶에 순응하게 된다는 의미이기도 하다. 인생의 정리 단계라 욕심 없이 살게 된다는 뜻이다.

이 시기에는 80세 이상을 사는 사람이 잘 없어 70세까지만 설명이 있다. 칠십 년 정도 살아보니 공자님의 나이별 분류와 그 의미에 많은 공감이 간다. 예나 지금이나 인생의 싸이클은 비슷하다는 얘기다. 태어나서 자라고, 직업을 갖고, 출세를 하고, 열심히 살다가 늙어가고, 죽음을 맞는 것이다.

우리나라의 노 철학자 김형석 교수는 "100세까지 살아보니"라는 책에서 65세에서 75세 사이가 제일 행복했다고 한다. 65세에 대학에서 정년퇴임을 했으니 일에서 해방되었고, 자식들은 결혼해서 독립을 해 부양해야 할 가족이 없으니 홀가분하고, 자유롭게 하고 싶은 일을 하며 살아서 그렇단다. 행복의 조건 중의 중요한 자유, 건강, 경제적 여유, 일 등을 할 수 있었기 때문이다. 75세가 넘어서면 누구나 확실한 노화를 느끼고 건강도 안 좋아지기 마련이다.

　나의 경우는 30대에 약국을 개업하여 열정적으로 일하고, 아이들 안고, 업고 다니고 하던 시절이 가장 행복했던 것 같고 그 다음이 김형석 교수님이 말 한 인생에서 가장 행복한 나이라는 65세에서 75세인 지금이 그 다음으로 행복한 것 같다. 그러나 지금은 마음이 편안하고 걱정거리가 없고, 건강하고, 일이 있어 행복하지만 생이 얼마 남지 않았다고 생각하면 서글퍼지는 건 어쩔 수가 없다. 그럴 때는 스스로 최면을 건다. 그런 생각은 하지 말자! 건강관리를 잘하면 백세 이상 살 수 있다고~~~

학력과 행복

●

학력이 높을수록 행복할까? 꼭 그런 건 아니지만 대체로 그럴 가능성이 높다. 미국의 연구 조사기관에서 조사를 해봤더니 학력이 높을수록 행복도가 올라갔다고 한다. 우리나라도 조사를 해보면 마찬가지일 것이다.

학력이 높으면 대체로 안정적인 직업을 갖게 되고, 긍정적인 사고를 하고, 낙관적이 되어 행복도가 올라갈 것이다. 학력이 높으면 직업도 전문직이나 연봉이 높은 일을 하게 되고 경제적으로도 여유가 있어 행복도가 올라간다고 볼 수가 있다. 상대적으로 학력이 낮으면 위험한 일이나 보수가 적은 일을 하는 경우가 많아 스트레스를 많이 받게 되고 세상을 비관적으로 보는 경향이 있어 행복도가 떨어진다고 보는 것이다. 그러나 학력이 낮고 가난하더라도 자기 삶에 만족하고 낙천적으로 살면 행복하다고 할 수 있다.

학교에서 학문과 인성교육을 하지만 가정교육이 중요하다. 초등학교 입학하기 전인 유치원과 유아시절은 집에서 보내는 시간이 많기 때문에 특히 이때가 가정교육이 중요하다. 기본적인 도덕과 질서 등 인간생활에 필요한 기본 교육은 가정에서 이루어진다. 부모로부터 보고 배우는 것이 많다. 부모가 모범을 보여야 된다는 얘기다. 행복한 부모 밑에서 자라면 아이도 역시 행복할 것이다.

어려운 환경에서 자라고 학력까지 낮으면 아무래도 한이 쌓이고 성격이 반항적이 되어 사회에 적응이 잘 안 되는 경우가 많다. 학교에서 문제아도 가난한 집안이나 결손 가정 출신 아이들이 많다고 한다. 문제아들이 학교를 중퇴하고 놀다 보면 조폭이 되거나 범죄자가 되기 쉬운 것이다. 이들은 사회에 해악을 끼치고 본인도 불행한 삶을 살게 된다.

대학을 가고 공부를 많이 하는 이유가 좋은 직업을 갖기 위해서 라고 하지만 훌륭한 인격을 갖추기 위한 것이기도 하다. 대학을 사회 지도자 양성기관이라는 말을 하기도 한다. 일반적으로 사회생활을 하는데 불편하지 않을 정도의 학력이라면 고졸 정도면 충분하다. 지금 우리 사회의 평균 학력이 고졸 정도 될 것이다. 고졸이면 일반적인 생활을 하는데 전혀 불편이 없고 기능직에 고졸만 뽑는 회사도 있다.

대학을 가는 이유는 자기가 갖고 있는 꿈을 실현하기 위해서이다. 의사가 되어 인술을 베풀고 싶은 꿈이 있다면 의대를 가야 하고, 선생님이 되어 아이들을 잘 가르치고 싶은 꿈이 있으면 교대나 사대를 가야 하고, 법관이 되고 싶으면 법과대학원을 가야 한다. 꿈이 이루어지면 행복하다. 물론 꿈이 이루어지는 과정도 즐거우면 행복한 것이다.

학력과 행복이 꼭 비례하는 것은 아니지만 대체로 학력이 높으면 잘 살 수 있고 행복한 인생이 될 가능성이 높다.

그러나 우리나라 속담에 "식자우환"이라는 말이 있다. 배운 사람이 걱정이 더 많다는 의미인데 '무식하면 용감하다'는 속담과 비슷한 의미로 쓰인다. 우리 인생도 단순하게 사는 게 오히려 행복하게 사는 건지 모르겠다. 요즘 유행되는 "슬로 라이프"도 빨리빨리에서 느리게 즉 여유 있게 자연친화적으로 살자는 뜻인데 바쁘게 정신없이 사는 것보다 여유 있게 자연친화적으로 사는 게 건강에 좋고 행복도가 높을 것이다.

노인이 되면 많이 배우나 적게 배우나 똑같고, 돈이 많으나 적으나 똑같다는 말이 한 때 유행하기도 했다. 노인들의 자조적인 말인데 노인이 되어서 돈이 많고 잘 쓰면 보람을 느끼고 존경받는다. 그리고 노인이 되어도 많이 배운 사람은 표가 나기 마련이다. 많이 배운 사람이 오히려 겸손하고 젊은 사람과도 잘 어울린다. 많이 배우면 행복해질 가능성이 높다.

출생과 행복

　인생은 하나의 긴 여정이다. 태어나는 것은 자기의 선택이 아니라 부모로부터 유전자를 받아 이 세상에 나오는 것이다. 한국에서 태어나든 미국에서 태어나든 아니면 아프리카에서 태어나든 가난한 집에서 태어나든 부잣집에서 태어나든 태어나는 건 순전히 운명의 장난이다. 선진국의 부잣집에서 태어나면 행운이고 아프리카 후진국의 가난한 집안에서 태어나면 불운이다. 운명은 어쩔 수가 없다.
　어떤 사회든 상류층 집안에서 태어나 풍족한 환경에서 자라면 일단 행복한 어린 시절이 될 수가 있다. 그러나 성인이 되면서는 계속 행복하게 산다는 보장은 없다. 성인이 되어서도 계속 행복하기 위해서는 자기의 노력과 행운이 따라 줘야 한다. 건강하고 공부를 잘해야 좋은 직업을 가질 수 있고, 결혼을 잘해야 성인이 된 후 남은 인생이 행복하다.

요즘 우리나라에서는 "흙 수저", "금 수저"론으로 나라가 시끌벅적하다. 젊은이들이 취업이 잘 안되고 하다 보니 재벌 2세나 명문가 자녀들이 부모의 후광으로 취직 걱정 없이 잘 사는 걸 보고 빗대서 하는 말이다. 모두가 금 수저로 태어나면 얼마나 좋겠는가. 그러나 그게 맘대로 되는 게 아니라는 게 문제다. 재벌 집안이나 고관대작 집안에서 태어나는 건 행운이다. 그들은 일부이고 대부분은 흙 수저 내지는 스텐수저를 물고 태어 날것이다. 세상을 원망해도 부모를 원망해도 소용없다. 계층 상승을 위해 열심히 노력하는 수밖에……

"개 룡 남"이라 해서 가난한 집안이나 시골에서 태어나 고시에 합격하거나 의사가 되면 개천에 용이 난 것과 같다는 의미로 미천한 집안에서 태어나 출세했다는 뜻으로 쓰인다. 가난한 집안에 태어났어도 열심히 노력하면 계층상승이 가능하고 출세할 수 있다는 의미이기도 하다.

요즘은 사법고시가 없어지고 법과대학원으로 바뀌었고 의대도 의과대학원으로 바뀌어 공부하는 기간이 늘어나고 등록금도 비싸졌다. 공부만 잘해서는 안 되고 집안이 부자라야 가능하게 되었다. 그래서 '흙 수저, 금 수저"론이 더 각광을 받는지도 모르겠다.

고시에 합격하여 판검사가 되고 의사가 되어야만 꼭 행복하다는 건 아니다. 그러나 선망의 대상이 되는 직업이고 소신껏 살 수 있고 자아실현이 가능한 직업이라 예를 든 것이다. 경제적으로 여유가 있고 부모의 머리가 좋은 집안에서 태어나야 좋은 대학을 갈 수가 있고 좋은 직업을 가질 수가 있는 것은 자본주의의 현실이다.

프랑스에 가면 "파리에서 태어나는 것은 행운이다!" 라는 말이 있다. 파리는 프랑스의 수도이고 예술의 도시이며 낭만의 도시이다. 그래서 세계의 젊은이들이 예술을 공부하기 위해 파리로 몰려온다. 파리에서 태어나는 게 행운이라는 건 살기 좋은 곳에서 예술을 가까이하고 많은 혜택을 누리면서 살 수 있다는 의미일 것이다.

프랑스의 수도 파리나 덴마크의 수도 코펜하겐에서 태어나는 것이 소말리아의 수도 모가디슈나 캄보디아의 수도 프놈펜에서 태어나는 것보다 행운이라고 하는 것은 행복하게 살 가능성이 높다는 의미 아닌가. 파리에도 가난한 사람이 있고 불행하다고 생각하는 사람이 있을 것이다. 그러나 파리에 사는 많은 사람은 파리에서 태어난 것을 행운이라 생각하고 행복하다고 생각할 것이다.

과연 우리나라 서울에서 태어난 사람들이 파리 사람들처럼 행운이라 생각할까? 다른 지방 사람들보다는 행운이라 생각하는 비율이 높을지 모르겠다. 특히 강남에서 태어났으면 그 비율이 더 높지 않을까? 강원도 산골이나 전라도의 조그만 섬에서 태어나서 거기서 살더라도 자기 삶에 만족하고 행복하면 거기서 태어난 게 행운이다. 행, 불행이 마음먹기에 달렸다지만 그런 마음을 갖게 하는 주, 객관적인 여건이 작용을 한다는 의미이다.

남녀가 행복을 받아들이는 개념의 차이

행복에 대한 욕망이나 감수성은 여성이 남성보다 훨씬 앞선다. 호르몬의 영향으로 그럴 것이다. 남자는 남성 호르몬의 영향으로 공격적이고 투쟁적이라 스트레스를 많이 받는 편이고 행복에 대한 감수성이 낮다. 상대적으로 여성은 정서적이고 온정적이라 행복에 대한 감수성이 높다.

'화성에서 온 남자 금성에서 온 여자'라는 말이 있듯이 남녀가 신체구조뿐만 아니라 사고 구조 자체가 근본적으로 다르다는 말이다. 아무리 여자 같은 남자, 남자 같은 여자라 해도 남녀가 근본적으로 다른 건 어쩔 수 없다. "성전환 수술"을 하더라도 완벽하게 남녀가 바뀌지는 않는다. 유전인자가 속속들이 박혀있기 때문에 어떻게 하더라도 완전히 바꿀 수는 없다.

결혼은 자기의 반쪽을 찾는 과정이라 표현한다. 태생적으로 음양의 조화를 이루도록 프로그래밍 되어 있다. 혼자 살면 옆구리가 시리다는 말로 표현하기도 한다. 남녀가 서로 원하도록 DNA에 설정되어 있다는 얘기다. 자기의 2세를 남기고 싶은 것은 남녀가 같이 살고 싶은 것과 마찬가지로 본능이다. 남녀가 결혼하고 같이 살 때 완벽한 행복을 경험하게 된다.

우리가 결혼해서 같이 살아보면 남녀의 역할이 다르고 행복에 대한 개념도 조금씩 다르다는 걸 느낀다. 자식에 대한 애착이나 사랑하는 방법과 표현도 남녀가 다르다. 여자는 아이를 열 달 동안 자기 배속에서 키웠기 때문에 애착이 남자보다 더 강할 수밖에 없다. 그래서 "여자는 약하지만 어머니는 강하다."라는 말이 생겨났는지 모른다.

행복에 대한 근본적인 개념이나 느낌은 남녀가 별로 차이가 없을 것이다. 그러나 행복의 디테일한 면은 남녀가 조금씩 다르다고 봐야 한다. 남성은 크고 외형적인 것에 집착하고 여성은 작고 소소한 것에 집착하는 경향이 있다. 남자는 명예나 체면을 중시하고 여자는 개인적인 행복과 실속을 중시한다. 선사 시대부터 남자는 밖에서 사냥하고 여자는 집에서 아이 키우고 하던 DNA가 남아 있어서 그럴 것이다.

제4부_

행복과 긍정적 정서

행복과 긍정적 정서

행복의 조건은 많고 행복의 조건이 충족되어야 행복해진다고 생각하기 쉽다. 행복의 조건이 완벽하지 않더라도 긍정적 정서를 갖고 살면 행복해질 수 있다는 학설이 있다. 행복에 있어서 "긍정적 정서"는 아주 중요하다.

우리나라 사람이 OECD 국가 중 행복도가 최하위로 나온 이유가 첫째, 미국 등 서양의 영향으로 물질 만능 주의에 빠져 빈부격차가 심하고 둘째, 인구밀도가 높고 천연자원은 부족하여 과다한 경쟁사회가 되었고 셋째, 과정은 무시하고 결과만 중시하는 풍조이며 넷째, 외침을 많이 받고 전쟁을 겪은 나라라 패배주의와 부정적 정서가 많이 깔려있어서이다.

행복도를 높이기 위해서는 모두가 잘 사는 사회가 되어야겠지만 먼저 부정적인 정서를 긍정적인 정서로 바꾸는 게 필요하다. 부정적인 정서를 줄이고 긍정적인 정서를 자주 경험하도록 해야 한다.

부정적 정서는 공포, 불안, 분노, 증오심, 스트레스, 비난, 불만, 무기력, 질투, 탐욕, 이기심, 원망, 적개심, 근심, 열등감, 우울, 자학, 자책, 질투 등이다.

긍정적 정서로는 만족, 자부심, 경이, 감사, 용서, 사랑, 친절, 기쁨, 쾌감, 흥미, 열정. 몰입, 낙관성, 희망, 신뢰, 자신감 등이다.

행복을 증진시키려면 비관성을 줄여 부정적 정서를 감소시키고 나아가 낙관성을 강화하여 긍정적 정서를 고양시켜야 한다. "불행 피하기 기술"이라는 책이 최근에 출판되었는데 불행을 피하는 특별한 비법이 따로 있는 것이 아니라 평소에 불행해 지지 않도록 준비하고 조심하자는 얘기다. 현명하게 살면 불행을 피해 갈 것이고 행복에 가까워진다는 내용이다.

미국의 심리학자 셀리그만은 "행복은 좋은 유전자나 행운을 타고난 결과가 아니라 꾸준한 연습의 결과로 얻어지는 바이올린 연주나 자전거 타기의 기술과 같은 것이다"라고 했다. 즉 자신의 강점과 미덕을 찾아서 발휘하고 긍정적 정서를 키우면 행복을 만들 수가 있다.

AI에 의해서 선도되는 디지털 혁명을 4차 산업 혁명이라 하듯이 행복에도 1차~4차로 분류하기도 한다.

행복 1.0은 가장 기본적인 행복론으로 돈, 명예, 권력 등을 손에 넣으면 행복해진다는 이론이다. 보편적으로 생각하는 현실적인 행복론이다.

행복 2.0은 내면적인 행복과 외면적인 행복이 같이 있다는 이론이다. 행복은 사람의 마음속에 있기도 하지만 자신이 처한 외부 환경을 변화시킬 때 찾아온다는 이론을 말한다.

행복 3.0은 너와 나, 가족 간, 직장동료, 나와 신(神) 사이 즉 인간관계가 행복에 기여하고 종교생활도 행복에 기여한다는 이론이다.

행복 4.0은 삶을 번성시키면 행복해진다는 이론으로 긍정적인 정서를 가지고 몰입하는 삶을 살고 긍정적 관계의 즐거운 삶을 산다는 의미이다.

삶의 과정에서 겪는 시련과 역경을 잘 극복해서 행복이 지속되게 하고 행복을 증진시켜 번성하는 것이다. 번성하려면 긍정적 정서를 갖고 살면서 일이나 취미에 몰입하고, 삶의 의미를 되새기고, 긍정적인 인간관계를 유지하고, 성취를 맛보도록 해야 한다.

가진 것에 만족하고 스트레스나 슬픔 등 부정적 정서는 빨리 해소하고 극복하여 매사에 낙관적이며 적극적인 사고방식으로 살아가면 행복은 저절로 따라 온다.

행복지수와 행복

●

　최근 유엔에서 조사 발표한 세계인의 행복지수를 보면 북유럽의 핀란드가 1위를 하고 2위는 노르웨이, 3위는 덴마크로 나왔다. 이전에 다른 조시기관에서 조사한 경우는 노르웨이가 일 등을 했었다. 스칸디나비아 반도 국가들이 항상 상위를 차지한다. 미국, 일본은 중위권으로 밀렸고 스위스, 호주, 캐나다가 10위 안에 들었다. 그 다음이 영국 등 유럽 국가들이 차지한다. 한국은 56위로 중하위권이다.

　2006년 유럽신경제단(NEF)에서 조사한 걸 보면 아시아의 소왕국 "부탄"이 일등을 하였다. 그때 한국은 68위였다. 행복지수를 조사할 때 연구기관에 따라 조사대상 항목이 다르고 가중치가 다르기 때문에 순위는 조금씩 차이가 날 수가 있다. GDP에 가중치를 많이 주면 경제적으로 잘 사는 나라가 상위를 차지하지만 개인의 행복도 위주로 조사하면 부탄 같은 나라가 상위를 차지한다. 부탄은 경제는 후진국이지만 조그만 왕국으로 고교까지 무상으로 교육을 하고, 불교 국가이고, 주 산업이 농업이지만 가난한대로 만족하며 살아 부탄 국민의 97%가 스스로 행복하다고 하단다.

행복지수를 조사하는 항목을 보면 GDP, 복지, 문화, 교육, 정치, 치안, 실업률, 사회 인프라, 삶의 만족도, 공동체의 활력, 복리후생, 평균수명, 건강, 취미생활, 자연환경, 기후, 행복도, 미래에 대한 기대, 시간활용, 자부심, 삶의 질 등 다양한 항목을 조사한다.

북유럽의 나라들의 행복도가 높은 이유는 GDP만 높아서 그런 게 아니라 빈부격차가 심하지 않고 사회가 안정적이고 도둑 등 범죄가 적고, 일자리가 많고, 실직을 해도 수당을 많이 주는 등 사회보장이 잘 되어 있고, 국민들의 도덕 수준이 높아 살기에 편하고 다양한 취미생활을 하며 여유 있는 삶을 살 수 있기 때문에 행복도가 최고 수준에 달하는 것이다.

우리나라는 경제수준은 세계에서 10위권이지만 행복지수는 OECD 나라 34개국 중 29위로 바닥 수준이다. 그 이유는 분단국이라 안보가 불안하고 물질 만능주의에 빠져 과도한 경쟁사회가 되어 빈부격차가 심해졌고 파벌 정치로 정치에 대한 불신과 시기, 질투 등 부정적 정서가 많아서이다. GDP가 높아진 만큼 서민들의 삶이 더 나아지질 않고 오히려 살기 힘들어진 게 문제다. 젊은이들의 일자리가 부족하고 자영업은 장사가 잘 안되어 폐업 율이 높다 보니 행복도가 떨어지고 사회가 불안한 것이다.

우리나라의 행복지수가 올라가려면 먼저 안보불안이 없어져야 하고 그다음 빈부격차가 줄어들어야 하고, 경제가 활성화되어 일자리가 늘어나고, 일과 후 즐길 수 있는 시간과 취미생활 공간이 늘어나야 한다. 중산층 생활을 할 수 있는 수입이 보장되는 일자리가 많아 즐겁게 일하고 다양한 취미생활을 하며 즐겁게 살면 행복 도는 올라가게 되어있다.

불행을 피하면 행복해질까?

●

최근 "불행피하기 기술"이라는 책이 출간되어 화제다. 불행을 피하면 바로 행복해지는 건 아니지만 불행을 방지하고 피하면 불행으로 인한 괴로움 등 부정적인 정서를 피할 수 있어 행복해질 가능성은 높아진다는 것이다.

불행하지 않으면 행복한 것일까? 불행도 행복도 아닌 중간지대는 없는 걸까? 행복과 불행을 무 자르듯 분명하게 나누긴 어렵다. 다른 사람이 보기에 행복할 것 같아도 본인은 행복하다고 생각하지 않을 수가 있다. 부자가 되면 다 행복할 것이라고 생각하지만 부자가 되면 다 행복해지는가? 그렇지 않을 수도 있다. 고위직이 되면 다 행복할까? 그렇지 않을 수도 있는 것이다.

이전의 우리나라 경제생활 중에 회사에 입사를 하거나 은행에서 돈을 빌리려면 보증인을 세워야 했다. 보증을 섰다가 집안이 망하는 경우가 있어 유언으로 보증은 절대로 서지 말라고 했다는 얘기가 있다. 이런 게 불행을 피하는 기술 중의 하나이다. 보증을 안서 주어 인간관계가 조금 소원해지더라도 보증을 서 줬다가 자기도 같이 망하는 것보다는 나을 것이다.

불행을 피하는 기술은 교통사고를 막기 위한 방어 운전을 하기, 밤늦게 다니지 않기, 도박이나 마약에 손대지 않기, 투기하지 않기, 과한 욕심부리지 않기, 과음 과식하지 않기, 담배 피우지 않기, 무리한 투자하지 않기, 사기당하지 않기, 배신당하지 않기 등등 많다.

불행을 피하는 것은 행복을 추구하는 것 못지않게 어렵다. 좋은 삶은 대단한 뭔가를 추구하기 전에 멍청한 것, 어리석은 것, 잘 못된 것을 피할 때 이루어진다. 즉 "하지 않아야 하는 것"이나 "격지 말아야 할 것"을 안 할 때 삶은 풍성해진다. 우리가 매번 빠지는 인생의 오류들을 잘 피해가는 법을 알면 불행을 피할 수 있을 것이다.

불행해질 수 있는 요인인 부정적 정서(증오심, 질투, 탐욕, 이기심, 원망, 적개심, 좌절, 열등감, 비관, 우울 등)를 피하거나 없애야 행복해질 수가 있다. 이런 부정적인 정서나 불행을 사전에 막고 피하고 극복하기 위해 노력하면 행복이 가까워질 것이다.

아인슈타인은 "영리한 사람은 문제를 해결하고, 지혜로운 사람은 문제를 피해간다"라고 했다.

문제를 피하기만 하는 게 능사는 아니겠지만 질병을 예방하기 위해 예방주사를 맞듯이 불행을 예방하면 좋을 것이다.

노후와 행복

●

　우리나라 속담에 "젊어서 고생은 사서도 한다."라는 말이 있다. 젊은 시절의 고생은 장래의 발전을 위해 좋은 경험이 되므로 달게 여기라는 의미이다. 젊어서 열심히 하면 성공할 수 있다는 뜻이기도 하고 젊을 때 고생을 해서라도 열심히 돈을 모으면 노후가 편안하다는 의미이기도 하다.

　지금의 젊은이에게 이런 말을 하면 이해가 잘 안 된다고 할 것이다. 왜 고생을 사서 해야 되나? 일부러 고생을 하는 건 명청한 짓 아닌가? 인생은 짧은데 젊을 때 즐기며 살아야 된다고 할지 모른다. 그러나 편안한 노후를 위해서는 젊을 때 열심히 일하고 노후자금을 저축해두어야 한다.

　성공을 하려면 열심히 노력해야 가능하다. 직장생활을 하든 자기 사업을 하든 열심히 안 하면 승진하기 어렵고 사업이 번창하기 어렵다. 젊을 때 열심히 해야 성공할 수가 있고 노후가 편안하다. 재벌 2세라 하더라도 열심히 안하면 대기업도 한 순간에 망할 수가 있다.

　노후에 행복하려면 건강해야 하고 금전적으로 풍족해야 한다. 그리고 배우자가 있어야 한다. 배우자가 같이 있으면 장수한다는 통계가 있다. 최고의 효도는 자식의 성공이라는 말이 있다. 부모는 자식이 잘 되면 항상 기분이 좋다 그리고 어디 가든 자랑스럽다.

　요즘의 노인들은 대부분 자식과 따로 사는 경우가 많다. 한 집에 살면 효도를 할 수 있겠지만 따로 살기 때문에 효도는 자주 연락하고 자주 찾아보는 것이다. 멀리 살면 명절 때나 보게 되고 가까이 살면 그래도 자주 보게 될 것이다. 서양에서도 자식과 스프가 식지 않을 거리에 사는 게 좋다는 말이 있다. 가까이 살아야 맛있는 음식을 해놓고 와서 먹으라고 하는 등 친밀하게 지낼 수 있다는 얘기다.

　은퇴 후에 소일거리로 일이 있는 게 좋다. 일이 있으면 규칙적인 생활을 할 수가 있고 일에서 보람을 찾을 수 있어 건강에 좋고 행복도가 올라간다. 일이 없으면 다양한 취미생활을 해야 사는 게 덜 지루하다. 실내에서 하는 취미 이를테면 서예, 바둑, 독서, 노래, 그림 그리기, 뜨개질, 오락, 악기 연주 등을 한다면 정신건강에는 좋겠지만 육체 건강에는 안 좋을 수가 있다. 그래서 육체 건강을 위해서 운동 종류의 취미생활을 꼭 같이 하는 게 좋다. 예를 들면 수영, 등산, 테니스, 골프, 베드민턴, 게이트볼, 파크 골프, 스포츠댄스, 에어로빅, 요가, 조깅 등 많이 있다.

노후의 행복은 마음자세가 중요하다. 죽을 때가 다 되었는데 ~~~ 살면 얼마나 산다고~~~ 빨리 죽어야지~~~ 등 비관적인 사고방식은 행복도를 완전히 떨어뜨리는 작용을 한다. 비관적인 사고는 절박감을 갖게 하고 나아가 자살 충동을 느끼게 되어 우울증에 걸리기 쉽다. 우울하면 불행한 것이다. 항상 낙천적인 사고방식으로 즐겁게 사는 것이 좋다. 내일 지구가 멸망하더라도 오늘 한그루 사과나무를 심는 심정으로 살아야 한다!

나이가 많아도 나이는 숫자에 불과하다고 생각하면서 젊게 살면 건강하게 오래 살 수 있다. 요즘 세계적으로 노화에 대한 연구가 활발하다. 그러나 노화를 막을 수 있는 특효약이 개발되거나 비법이 발견된 건 아니다. 현재까지 알려진 전통적인 방법으로 노화를 늦추고 건강을 유지하는 수밖에 없다. 노후에 젊고 오래 살려면 마음 자세를 젊게 유지하고 섭생을 잘 해야 한다. 현미밥과 잡곡밥을 먹고, 소식을 하되 단백질 섭취를 많이 하고, 항산화 비타민과 건강기능식품을 꾸준하게 먹고, 담배는 끊고 술은 과음하지 말고, 건강검진을 해마다 하고, 규칙적으로 유산소 운동과 근육운동을 하고, 성생활도 계속하고, 충분한 수면을 취하는 등 규칙적인 생활을 해야 한다. 그리고 긍정적인 사고방식으로 낙천적으로 살아야 건강하고 행복한 노후가 되는 것이다.

　병이 나면 현대 의약으로 치료를 하면 되지만 암이나 치매, 천식, 당뇨, 고혈압 등 완치가 잘 안 되는 질환이 많다. 병은 발병하기 전에 예방하는 게 최선이다. 맑은 공기와 깨끗한 물을 마시고, 매일 운동을 하고, 싱겁게 먹고, 과음, 과식하지 않고 거기다 예방차원의 영양제 복용이 필요하다. 최근에 미국의 노화방지 의학자가 인터뷰에서 자기는 노화를 막기 위해 운동과 섭생을 잘 하는 것 외에 여러 가지의 영양제 와 건강기능 식품을 챙겨 먹고 있다고 실토했는데 그 종류는 항산화제, 종합비타민, 오메가3, 레시틴, 나토키나제, 유산균 제제 등 십여 가지가 된다고 했다. 중년 이후가 되면 혈압이나 당뇨가 없어도 혈관을 튼튼하게 하기 위해 오메가쓰리를 복용하는 게 좋다. 유산균 제제는 장 건강을 위한 것 외에 면역 기능을 좋게 하기 때문에 항상 복용하는 게 바람직하다. 60대 이상의 경우 치매 예방을 위해 레시틴, 나토키나제를 복용할 필요가 있다.

　노후라는 말은 자기 직업에서 정년 퇴임하거나 은퇴한 후, 법적인 노인 연령인 65세 이후를 말하는 것이다. 의술이 발달하고 건강관리를 잘해서 그런지 평균 수명이 계속 늘어나는 추세다. 우리나라 전체 인구 대비 65세 이상 노인인구가 14%를 넘어 고령사회가 되었다. 일본은 20%를 넘어 초 고령 사회가 되었고…. 우리나라 사회가 노인들이 많아지니 여러 가지 배려를 많이 하는 추세다. 노령연금, 지하철 무료, 공원입장료 무료 등 다양한 혜택이 주어진다.

　노후에 행복하려면 첫째 건강해야 하고, 둘째 경제적 여유가 있어야 하고, 셋째 소일거리의 일이나 다양한 취미가 있어야 한다. 그리고 자식이 속 썩이지 않아야 하고 건강한 배우자가 있거나 이성친구가 있어야 삶이 즐겁다. 가장 중요한 것은 마음자세다. 이 나이에, 늙은이가 뭘, 곧 죽을 건데~~ 등 비관적인 생각은 금물이다. 항상 낙관적인 생각으로 젊은 사람처럼 생각하고 행동하며 즐겁게 살아야 한다. 나이를 잊고 열심히 살면 행복해진다.

　과학이 발달하고 새로운 약이 계속 개발되지만 아직 노화를 막는 약이나 장수하는 약은 없다. 건강관리를 잘하여 질병에 노출되지 않도록 하고 예방 차원에서 영양제를 복용하고 섭생에 신경 쓰고 운동을 생활화하면 건강하게 오래 살 수가 있다. 아직도 엄격한 의미의 "불로초"는 발견되지 않았다.

노후에 즐겁게 살려면 고정관념을 버리고 젊은이처럼 살아야 된다. 새로운 일이나 안 해본 취미활동에 도전하고, 이성친구를 사귀고, 해외여행을 자주 하는 등 활동적이고 변화가 있는 삶을 살아야 한다.

행복에 대한 명언들

●

행복이란 다양한 의미를 내포하고 있어 한마디로 정의하기가 쉽지 않다. 그래서 많은 식자들이 행복에 대한 정의와 명언들을 남겼다. 행복에 대해 뭐라고 정의했는지 행복에 대한 명언들을 살펴보자.

- 행복과 불행은 사람의 마음가짐에 달려있다. (몽테뉴)
- 인간이 불행한 것은 자기가 행복하다는 것을 알지 못하기 때문이다. (톨스토이)
- 행복의 비밀은 자신이 좋아하는 일을 하는 것이 아니라 자기가 하는 일을 좋아하는 것이다. (앤드류 메튜스)
- 사람은 행복하기로 마음먹은 만큼 행복해진다. (링컨)
- 행복은 생각, 말, 행동이 조화를 이룰 때 찾아온다. (간디)
- 스스로 행복한 사람만이 다른 사람을 행복하게 만든다. (헨리 해즐릿)

- 행복은 할 일이 있는 것, 바라볼 희망이 있는 것, 사랑 할 사람이 있는 것 이 세 가지다. (칸트)
- 행복이란 삶의 최대 관심사다. (루스 베네딕트)
- 행복은 삶의 목적이다. (달라이 라마)
- 행복은 축복의 회수가 아니라 행복을 대하는 우리의 태도일 뿐이다. (알렉산드 솔체니친)
- 행복은 손으로 물을 잡으려는 것과 같다. (미켈란젤로)
- 행복은 배움이며 소득이자 열망이다. (릴리언 기시)
- 행복은 도착지가 아니라 여행 방법이다. (머거릿리 린베크)
- 행복은 다양하고 유쾌한 의식 속에 있다. (새뮤얼 존슨)
- 행복은 사소한 일에서 곧바로 즐거움을 알아채는 것이다. (휴 월풀)
- 행복은 순진무구의 평온하고 만족스런 현실성이다. (헨리크 입센)
- 매일 한 가지씩 기뻐할 것을 찾아라. 다음에는 두 가지를 찾아라. 그 다음에는 매 순간 하나하나를 찾아라 그러면 당신은 행복의 비결을 터득하게 될 것이다. (오리슨 스웨트 마든)
- 행복한 사람은 남을 행복하게 만들어 줄 수 있다. 남을 복되게 해주면 자신의 행복도 한층 더 해지는 것이다. (크림)

● 행복이란 다른 심리상태와 마찬가지로 결코 단순히 되풀이 되는 것이 아니다. 내일 새로운 행복을 만들어 낼 수 있는 사람만이 내일도 또 한 오늘과 같은 행복을 가질 수 있다. (게오르그 짐멜)

● 성공과 행복을, 실패와 불행을 같은 시각으로 보게 된 이래로 인간은 진정한 행복이 무엇인가? 이해할 수 있게 되었다. 자신의 불행을 실패로 생각하는 사람은 불쌍하다. 남의 행복을 질투하는 사람은 행복과 성공을 똑 같이 보는 오류를 범하는 것이다. 행복은 개개인의 것이며 인격적이고 성격적인 것이지만 성공은 일반적인 것이며 양적인 것이다. (미키 기요시)

● 아름다운 의지와 용기 혹은 지혜와 같은 내면적인 자질을 통해 행복과 만날 수 있다. (그라시안)

● 우리의 행복과 불행을 결정하는 것은 우리 자신이다. 그것은 우리 스스로 어떻게 생각하느냐에 달렸다.
(앤드류 메투스)

● 행복에 있어서 가장 큰 장애물은 너무 큰 행복을 기대하는 마음이다. (폰트넬르)

● 행복하려는 것은 권리이지만 인간으로서 할 수 있는 한

알고 싶은 것을 배우고 자신에게 최고의 기쁨을 줄 재능과 능력을 연마해야 한다. (러셀)

● 모든 인간사에는 행복과 불행이라는 두 가지 측면이 있다. (그라시안)

● 불행은 사람을 강하게 또 한 타락하게도 만든다.
 (토마스 풀러)

● 불행을 통해서 행복이 무엇인지 배우게 된다.
 (토마스 풀러)

● 행복과 불행은 모두 마음먹기에 달렸다. (데모크리토스)

행복과 불행의 차이

●

　행복과 불행은 정반대의 개념인가? 아니면 종이 한 장 차이인가? 같은 사안을 놓고 어떤 사람은 행복하다고 하고 어떤 사람은 불행하다고 한다. 남의 불행이 나의 행복이 될 수 있을까?
　행복과 불행은 양면성이 있다. 행복하지 않으면 불행한 걸까? 행복하지도 불행하지도 않은 중간지대는 없는 걸까? 행복은 긍정적이고 불행은 부정적이다. 기쁨은 행복이고 슬픔은 불행이다. 건강하면 행복이고 아프면 불행이다. 시험에 합격하면 행복하고 불합격하면 불행하다. 이성에게 프로포즈 해서 성공하면 행복이요 거절당하면 불행이다. 가족과 화목하게 지내면 행복이고 혼자 지내면 외로워서 불행하다고 느끼기 된다. 돈이 많으면 행복한 것이고 돈이 없으면 불행하다고 생각하기 쉽다.

봄이 되어 따뜻해지면서 새싹이 나고 꽃이 피는 걸 보면 행복감을 느끼고 가을이 되어 낙엽이 떨어지고 추워지기 시작하면 외로움과 불행을 생각하게 된다. 인간은 감정의 동물이기 때문이다. 사람은 계절에 따라 행복감을 맛보기도 하고 불행을 느끼기도 한다. 사계절, 일 년 내내 항상 즐겁고 행복할 수는 없다. 계절의 변화에 따라 기분에 따라서 행, 불행이 갈린다.

우리나라 속담에 "사촌이 논을 사면 배 아프다."는 말이 있다. 사촌이면 남이 아니라 가까운 친척인데 친척의 재산이 늘어났으면 좋아하고 축하해줘야 되는데 싫어한다는 건 인간의 이기심, 경쟁심의 발로인 것이다. 사람의 경쟁심, 시기심은 행복도를 낮추는 요인이 된다.

선의의 경쟁은 지더라도 승복하지만 비리나 반칙이 개입되면 승복을 않는 경향이 있다. 우리나라의 재벌이나 부자에 대한 국민들의 시선이 곱지 않고 인정하지 않는 것은 정권과 유착하여 비리로 회사를 키웠다고 생각하고 개인은 투기나 부정으로 돈을 벌었다고 생각하기 때문이다. 미국 등 선진국에는 부자를 인정하고 존경한다고 한다. 부자가 된 건 그만한 능력이 있었기 때문이라고 생각하고 인정하는 것이다. 요즘의 우리나라 부자들은 기발한 아이디어나 아이템으로 창업하여 부를 이루거나 의사, 변호사 등 전문직의 경우 아픈 사람을 잘 치료해주거나 어려운 사람을 도와주어 부를 쌓는 등 깨끗한 부자(淸 富)도 많이 있다. 상대방을 이해하고 인정할 때 내 마음도 편하고 행복해지는 것이다. 상대를 의심하고 사회를 불신하면 내가 스트레스를 받고 불행해진다. 마음에 거리낌이 없고 편안할 때 행복이 찾아오는 것이다.

  스스로 불행하다고 생각하는 것은 자학이나 마찬가지이다. 남들이 나를 불행하다고 생각하든 말든 내가 불행하다고 생각하지 않고 행복하다는 자부심을 가지면 된다. 행복과 불행은 종이 한 장 차이 일 수가 있고 마음먹기에 달렸다.

행복주의자와 쾌락주의자

●

　행복주의는 행복을 인생의 최고 목표로 삼고 이것의 실현을 도덕적 이상으로 삼는다는 윤리설이다. 쾌락주의가 쾌락을 최상의 목표로 삼는데 비해 행복주의는 이성적, 정신적인 만족 따위의 포괄적인 만족을 추구하는데 차이가 있다.
　쾌락주의는 쾌락을 가장 가치 있는 인생의 목적이라 생각하고 모든 행위의 궁극적인 목적내지 도덕의 원리로 생각하는 사상으로 행복주의의 하나이며 고대 그리스의 에피쿠로스에서 시작되었다.
　행복하기 위해 쾌락주의자가 되자는 말인가? 다소 그럴 필요가 있다. 특히 우리나라처럼 자신을 집단의 일부로 생각하며 행복의 쾌락적인 부분을 경시하는 경향이 있는 경우는 더욱 그렇다.
　행복한 사람을 보면 행복한 사람일수록 미래에 더 건강하고 직장에서 더 성공하며 사회적 관계는 더 윤택해지고 건강한 시민의식을 갖게 된다. 이들은 일상에서 긍정적인 정서 즉 기쁨, 즐거움 등을 남들보다 자주 경험하는 사람이다. 행복하면 몸과 마음이 다 건강해지고 만사형통한다는 얘기다.

인간만큼 쾌감을 다양하게 느끼는 동물은 없을 것이다. 음악, 미술, 문학 등 예술도 우리에게 쾌감을 선사한다. 가장 본질적인 쾌감은 먹을 때와 섹스할 때 등 본능적인 것에서 온다. 진화 과정에서 쾌감이라는 경험이 탄생한 이유가 생존과 번식을 하기 위해서였다.

동양이든 서양이든 사람이 하루 동안 가장 많은 즐거움을 느끼는 행위는 먹을 때와 좋아하는 사람과 대화할 때 그리고 섹스할 때이다. 음악 감상이나 독서, 운동 등은 그 다음이다.

그렇다고 쾌락을 위해서 하루 종일 먹고 마시고 대화하고 섹스만 하고 살 수는 없는 것 아닌가. 보람된 일을 해야 하고 음악 감상, 독서, 운동 등 정서를 순화시켜주는 취미 생활을 해야 완벽한 행복이 되는 것이다.

사람은 다른 동물과 달리 삶에서 추구하는 게 다양하다. 일반 동물은 단순하게 본능에 따라 움직이고 본능적인 욕망만 충족되면 된다. 먹고 잠자고 때가 되면 교미하고 새끼 낳아 키우고~~~ 그러나 사람은 기본적인 욕구 외에 다양한 욕구를 추구하고 즐긴다. 식욕, 성욕 외에 안전의 욕구, 존경의 욕구, 자아실현의 욕구, 명예욕 등 다양하다.

쾌락은 욕구 충족에서 온다. 쾌락은 본능적인 욕구 충족에서 강하게 그리고 자주 경험한다. 그렇다고 본능적인 욕구 충족만 추구하는 건 너무나 동물적이지 않은가. 본능적이 아닌 것 즉 사회적인 봉사, 희생, 공부, 명상 등에서도 정신적인 쾌감을 느낄 수가 있는 것이다.

사람은 생태적으로 다른 동물보다 다양한 욕구를 가지고 있고 사람이나 동물은 욕구가 충족되면 행복감을 맛보게끔 DNA에 프로그램되어있다.

제5부_

소확행

소확행
(소소하고 확실한 행복)

●

요즘 소 확 행이라는 말이 유행되고 있다. 일본의 인기 작가 무라카미 하루키가 사용하기 시작했다는데 우리나라는 일본과 문화가 비슷하다. 일본이나 우리는 옛날부터 중국의 영향을 많이 받았다. 원래 중국 쪽에서 민족이동이 시작되어 우리나라를 거쳐 일본으로 갔기 때문에 이 세 나라는 생김새가 비슷하고 문화도 한자문화의 영향을 많이 받았다. 특히 일본은 우리와 비슷한 면이 많다. 경제개발이 먼저 되어 우리의 멘토 역할을 하면서 우리가 일본을 추종하는 행태였다. 우리에게 영향을 많이 준 나라가 미국이지만 거리가 멀고 동서양 문화의 차이 때문에 문화를 받아들이는데 시간이 많이 걸렸다. 그러나 일본의 문화는 거리가 가깝고 같은 동양권이라 쉽게 받아들일 수 있다.

소소하고 확실한 행복을 무라카미는 문학가답게 갓 구운 빵을 손으로 찢어 먹는 것, 서랍 안에 반듯하게 접어 넣은 속옷이 잔뜩 쌓여있는 것, 정결한 냄새가 풍기는 새로 산 하얀 셔츠를 머리서부터 뒤집어쓸 때의 기분이라고 했다. 덴마크의 "휘게"와 비슷한 의미인데 그 의미는 편안함, 따뜻함, 안락함이다. 프랑스의 "오 캄"도 비슷한 뜻이다. 오 캄은 고요함, 스트레스받지 않는 편안한 상태를 말한다. 우리나라의 사전적 의미인 "행복"과 비슷하다. 우리나라 국어사전에는 행복을 "생활에서 충분한 만족과 기쁨을 느끼어 흐뭇함 또는 그러한 상태."라 했다. 걱정이 없고 마음이 편안한 상태면 행복한 것이라는 얘기다.

일상에서 느끼는 행복은 소소한 것들이 모여서 전체적으로 행복해지는 것이다. 큰 행복은 자주 찾아오는 것이 아니고 오래 계속 기억되는 것도 아니라서 평소에 소소한 행복을 자주 경험하는 게 좋다. 일상적으로 언제 행복을 느끼는지 여론조사를 해 봤더니 동서양이 비슷했는데 친구와 술이나 차 마시며 대화할 때, 가족과 식사하고 담소할 때, 좋아하는 취미생활을 할 때, SEX할 때 등 이었다.

우리가 살면서 맛보는 큰 행복은 복권 당첨, 입시나 입사시험 합격, 주택구입, 결혼, 취업, 승진, 새 차를 샀을 때, 아이가 태어났을 때, 재산이 늘어났을 때 등이지만 자주 접 할 수가 없기 때문에 평소에 행복을 자주, 많이 느껴야 한다.

소소한 행복은 사람마다 느끼는 게 다를 것이다. 작가 무라카미는 빵을 손으로 찢어 먹으면서, 속옷을 입으면서 행복을 느꼈다는데 나는 아침에 공원을 산책하며 떠오르는 붉은 태양을 보면서 살아 있음에 감사하고 행복을 느낀다. 그리고 여름에 찬물로 샤워 할 때, 퇴근 후 저녁식사하면서 돼지 목살을 구워 과일주를 반주로 해서 술 한 잔 할 때, 아침에 일어나 창문을 열 때 맑고 시원한 바람이 들어오면 행복을 느낀다.

고관이나 재벌들은 출근 시 경비원이나 비서가 차 문을 열어주는 것에서 소소한 행복을 느낄 수가 있고, 직장인들은 출근할 때 차를 운전하는 경우 신호가 잘 떨어지고 차가 순조롭게 빠지면 기분이 좋고, 지하철에서 금방 자리가 나 앉아서 가는 것으로 행복을 느낄 수 있고, 장사하는 사람은 첫 손님이 많이 사주면 행복할 것이고, 아이들은 잘생겼다는 소리를 들으면 행복하고, 아가씨들은 예쁘다는 소리를 들으면 행복하고, 스님은 명상할 때 행복을 느낄 수가 있고, 학생들은 공부 잘한다는 칭찬을 들으면 행복하다.

사람은 다양한 소 확 행을 알게 모르게 느끼면서 살아간다. 건강하고 낙천적인 사고를 가진 사람은 모든 게 자기를 위해서 존재하고 살아있는 그 자체로만 행복할 수가 있다. 사람은 공포나 안 좋은 기억은 오래가고 행복한 기억은 오래가지 않는다고 한다. 그래서 행복을 자주 경험해야 삶 전체가 행복해지는 것이다. 소소한 것이라도 즐기고 좋게 받아들이면 행복해지는 것이다. 행복하게 살려면 행복을 자주 경험해야 한다.

 하루에 잠깐씩 행복한 순간 맛보기 ---> 차 마시기, 낮잠, 좋았던 순간 즐거웠던 일 상상하기, 노래 부르기, 춤추기, 친구와 전화나 카톡 하기, 책 읽기, 운동이나 산책, 음악 감상, 간식이나 후식으로 좋아하는 견과류나 과일 먹기 등이다.

수면과 행복

●

　최근 영국의 옥스퍼드 이코노믹스라는 경제조사 연구기관이 영국인의 일상생활에서 삶의 행복지수를 조사했는데 1위가 꿀잠으로 나왔다. 잠을 잘 잤을 때 느끼는 행복감이 최고라는 얘기다. 2위가 성관계, 3위가 직업의 안전성, 가족의 건강, 친구와의 대화 등이었다. 몇 년 전에 미국에서 행복 도를 조사한 경우는 1위가 SEX이고, 2위는 친구와 차를 마시거나 식사를 할 때 3위가 직업의 안정성, 취미활동 등으로 나왔다.

　평소에 느끼는 행복 도는 나라마다 다르기 마련이다, 거기다 인종의 차이, 기후의 차이, 남녀의 차이 등으로 달라질 수가 있다.

　잠은 우리 인생의 1/3을 차지하는 중요한 삶의 한 축이다. 갓난아이는 하루 종일 잠을 잔다. 잠을 자는 동안에 성장 호르몬이 분비되어 세포분열이 빨라지고 몸무게와 키가 쑥쑥 늘어나는 것이다. 모든 동물이 그렇듯이 잠을 안 자고 살 수는 없다. 잠을 자는 동안에 피로 회복이 되고 변역 활동을 한다. 만약에 잠을 안자고 계속 활동을 한다면 일찍 죽을 것이다. 기계도 쉬지 않고 계속 움직이면 고장이 잘 나고 빨리 망가진다.

잠을 오게 하는 인체 호르몬은 "멜라토닌"이다. 나이가 많아지면 멜라토닌의 분비가 줄어들어 수면 시간이 점점 짧아진다. 노인이 되면 잠이 잘 안 오고 잠이 일찍 깨는 것은 멜라토닌 분비가 잘 안 되기 때문이다. 남자 노인이 자다가 자주 잠을 깨는 것은 전립선 비대증으로 인한 경우일 수가 있다.

젊은이나 노인이나 잠을 적게 자면 피로가 쌓여 하루 종일 피곤하고 일의 능률이 떨어진다. 그리고 건강에 안 좋다. "잠이 보약이다"라는 말이 여기서 생겨난 것이다. 잠을 깊이 푹 자고 나면 몸도 마음도 개운하다. 그래서 영국 사람들이 잠을 잘 자고 나면 행복하다고 한 모양이다. 잠을 충분히 잘 자야 건강하고 행복해진다.

수면의 1단계는 눈을 감고 잠에 빠져드는 단계, 2단계는 본격적인 수면이 시작되는 단계, 3단계는 깊은 잠에 빠져드는 단계, 4~5단계는 REM 수면 단계라 해서 창의력을 담당하는 단계로 다이내믹한 꿈을 꾸기도 한다. 이 싸이클은 잠을 자는 동안 2~3회 반복된다. 6시간 이상을 자야 이 싸이클이 반복되어 충분히 피로가 풀리고 면역 활동이 제대로 유지가 된다.

　잠을 잘 자야 건강하고 장수할 수가 있다. 잠을 잘 자기 위해서는 저녁 식사를 꼭 해야 하고 잠자는 시간을 정해놓고 지키는 게 좋다. 잠자기 전에 카페인이 들어 있는 음료는 피해야 한다. 침구도 잘 선택해야 한다. 쿠션이 적당한 매트리스를 쓰고 베개는 너무 높거나 너무 딱딱한 것은 좋지 않다. 너무 말랑말랑한 것도 좋지 않다. 잠은 적당히 자는 게 몸에 좋다 너무 적게 자도 안 좋고 너무 많이 자도 안 좋은 것이다. 성인의 경우 6~8시간이 적당하다.

　잠이 잘 안 올 때는 운동을 하면 좋다. 육체적으로 피로하면 잠이 잘 온다. 음식은 자극이 덜한 것으로 부드럽게 먹는 게 좋다. 상추가 잠이 오게 하는 성분이 들어 있어 불면증에 도움이 된다. 차 종류는 국화차나 대추차가 도움이 되고, 아로마 오일을 머리맡에 두고 자면 잠이 잘 온다. 산조인을 볶아서 차로 마시면 불면증에 효과가 있다. 불면증 치료는 한방이 바람직하다. 가미귀비탕, 천왕보심단 등이 습관성이나 부작용이 없기 때문이다. 신약 수면제는 습관성이 없는 약이 있지만 습관성이 있는 약이 많기 때문에 주의해야 한다. 잠자는 동안 악몽이나 뒤숭숭한 꿈을 꾸면 잠을 잔 것 같지를 않고 피로하다. 이런 때는 불면증에 쓰는 한약이나 건강기능 식품을 이용하면 된다.

성과 행복

●

　본능적으로 후손을 퍼뜨리기 위해 식물은 교배를 하고 동물은 교미를 하고 사람은 성관계를 한다. 조물주가 그렇게 만든 건지 진화과정에서 그렇게 된 건지 모르지만 2세를 만들기 위해서는 식물은 수술과 암술이 만나야 하고 동물은 암수가, 사람은 남녀가 만나야 된다. 동물은 종족을 계속 이어 나가기 위해서 본능적인 최고의 쾌감으로 유혹하여 교미나 sex를 하도록 한 것이다. 대부분의 사람은 성관계 할 때 최고의 행복감을 느낀다고 한다.

　식욕, 수면욕, 명예욕처럼 성욕도 본능적인 욕구이고 욕구가 충족되면 행복감을 느낀다. 성욕은 식욕과 마찬가지로 가장 원초적이고 강력한 본능이다. 이것들은 자제하기가 쉽지 않아 문제가 발생하기도 한다. 특히 성문제는 어느 사회나 관심이 많고, 말썽이 많아 사회문제가 되는 경우가 많다. 그래서

도덕적으로나 법적으로 엄하게 처벌하는 나라가 많다.

미국의 연구기관에서 미국의 성인 여성을 상대로 조사한 일상적인 행복감에서 1위가 성관계, 2위가 친구와 차나 음식을 먹으며 담소를 나눌 때라고 했는데 이 걸 보면 먹고 마시는 것도 본능적인 욕구 충족이고 성관계도 본능적인 욕구 충족 아닌가. 사람은 본능적인 욕구가 충족이 될 때 자주 행복감을 느낀다.

음식은 아무 때나 어디서든 자주 먹을 수가 있지만 성관계는 아니다. 성인이 되어야 가능하고 남들이 보지 않는 곳에서 은밀하게 해야 된다. 건강을 위해서 자제를 하고 회수를 제한하기도 한다. 젊을 때는 자주 해도 괜찮지만 나이가 많아지면 자주 못하거나 전혀 못하게 되어 행복도가 떨어져 사는 재미가 반감된다.

성관계는 2세를 생산하는 성스런 작업이다. 추하게 보거나 터부시 하는 건 좋지를 않다. 사람이 살아 있다는 걸 확인해 주고 건강하다는 걸 증명해 준다. 물론 미성년자는 성년이 될 때까지 기다려야 하고~~~ 이 이야기는 19금이다. 미성년자의 성교육은 밝고 긍정적으로 해서 성에 대한 거부감이나 안 좋은 인식을 갖지 않도록 해줄 필요가 있다.

나이가 많은 노인도 성생활을 하는 게 건강에 좋다는 학설이 많다. 물론 너무 자주 하는 건 안 좋고~~~~ 밥을 많이 먹으면 몸에 안 좋듯이 성관계도 과하면 건강에 좋지를 않다. 적당한 성생활은 인생을 훨씬 윤택하게 해준다. 섹스가 최고의 행복한 순간이라는 데는 의의가 없을 것이다.

장수와 행복

●

　우리는 누구나 장수하길 바란다. 장수하면 복이 많다고 하는데 복이라는 말이 행복의 줄임말 아닌가. 옛날 중국의 진시황은 오래 살고 싶어 부하를 시켜 전 세계를 누비며 불로초를 찾아다녔는데 우리나라 제주도까지 왔다는 기록이 있다. 불로초를 못 찾았는지 그는 일찍 죽었다.

　굳이 따진다면 우리나라의 인삼 같은 게 불로초 일 것이다. 우리 몸을 건강하게 하고 질병을 막아주면 빨리 늙지 않고 오래 살 것 아닌가. 장수 식품이 인삼 말고도 많이 있다. 된장, 과일, 견과류, 요구르트 등도 장수식품으로 분류된다. 항암성분이 있는 식물도 장수식품으로 봐야 한다.

　약으로 생명을 연장을 할 수는 있어도 늙지 않게 하는 약은 아직 개발되지 않았다. 하기야 사람이 모두 늙지 않고 죽지 않아도 문제가 된다. 사람이 넘쳐나 살기가 어려울 것 아닌가.

사회가 발전하고 좋은 의약품이 개발되어 사람들은 건강하게 오래 살게 되었다. 백세 이상 사는 사람이 많아지고 평균수명도 늘어나고 있다. 장수국인 일본이나 선진국 노인들은 연금제도가 잘되어 있어 대부분 노후에 편안하게 지낼 수 있다. 그러나 가난한 나라나 선진국에서도 가난한 노인은 살아가기가 힘들다. 장수하더라도 건강하고 경제적 여유가 없으면 사는 게 피곤하다. 약국에 오는 노인들의 하소연을 들어보면 몸이 아프고 경제적 여유가 없고 하니 사는 게 재미가 없어 빨리 죽고 싶다고 한다. 그래서인지 우리나라 노인들 자살률이 세계 최고 수준이다. 젊은 사람도 마찬가지인데 사는 게 재미가 없고 불행하다고 생각하면 자살의 유혹을 받게 된다.

　장수가 저주가 아니라 행운이 되려면 건강해야 하고 즐겁게 살아야 한다. 건강하고 즐거우면 행복한 것이다. 노후가 행복하려면 젊을 때 열심히 일하고 저축하여 노후를 준비해야 한다. 젊은 시절부터 건강관리와 다양한 취미생활을 해야 노후의 삶 역시 즐거워진다. 노후에 경제적으로 여유를 가지려면 젊을 때 저축과 재테크를 잘해야 한다. 건강과 경제적 여유가 노후행복의 필수 조건이다.

　노후에 젊은 사람처럼 생각하고 행동하면 건강에 좋고 행복지수가 올라간다. 다른 사람이 주책이라 놀리더라도 신경 쓸 필요가 없다. 남에게 피해 안주는 범위 안에서 나에게 좋고 즐거우면 된다. 나이가 많더라도 낙관적으로 살아야 행복하다. 나이가 많아지면 매사에 부정적이고 비관적으로 되기 쉽다. 그래서는 행복할 수가 없다. 내일 지구가 멸망한다 하더라도 오늘 한그루의 사과나무를 심는 심정으로 살아야 한다. 낙천적으로 살아야 된다는 얘기다.

가치 있는 삶과 행복한 삶

●

아리스토텔레스가 말했던 "인간이 추구해야 할 최고의 선"을 실현하는 게 가치 있는 삶이고 행복이라면 신부나 스님처럼 통상적인 행복을 포기하고 최고의 선을 실현하기 위해 수행하며 고차원적인 행복을 추구하는 것을 말하는 것인가? 아니다 요즘은 행복이 그렇게 고차원적인 게 아니라 진화론적인 차원에서 본능에 충실한 삶이 행복이라는 학설이 우세하다. 진화론적인 삶이 행복이라는 게 정설이 되어 가고 있다.

속세의 중생들은 본능에 충실한 삶을 살고 일반적인 삶 속에서 행복을 추구한다. 성직자의 삶과는 대조가 된다. 사랑하는 남녀가 어울려 맛있는 것 먹고, 마시고 섹스하고 자식 낳아 키우고 다양한 놀이를 하면서 사는 삶이 현실성이 있는 행복이다.

최근 메스컴을 통해서 속세에 많이 알려진 법륜스님이라는 분이 "나는 지금 아주 행복하다"라고 해서 놀랐다. 스님은 절에서 기거하며 본능을 억제하고 수행하는 사람이라 행복과 거리가 먼 것으로 생각해 왔다. 그러나 그이는 젊은이를 대상으로 인생에 대한 강연을 하고 책을 내는 등 절에서 수행하는 대신에 현실에 참여하는 데서 보람을 찾고 행복을 느끼는 모양이다. 나름대로 고전적인 행복을 추구하고 있다는 얘기다. 본능적인 행복은 스님이라 초월하고 한 차원 높은 명예욕, 자아실현의 욕구가 충족되어서 행복감을 느끼는 모양이다.

행복이란 본능적인 욕구 충족만이 아니라 사회적인 욕구, 정서적인 욕구, 정신적인 욕구 등 2차원, 3차원적인 욕구가 충족되면 행복감을 느끼게 되는 것이다. 행복이란 수많은 조건, 여건, 욕구, 시대, 나이, 직업, 남녀, 인종 등에 따라 행복의 농도나 감이 차이가 나기 때문에 대통령이나 왕이 제일 행복하다, 재벌이 제일 행복하다, 인기 연예인이 제일 행복하다, 신혼 때가 제일 행복하다, 백인이 제일 행복하다, 선진국 사람이 제일 행복하다 등으로 단정 지을 수가 없는 것이다.

이탈리아 인 수녀가 우리나라 소록도에서 나병환자들을 보살피며 평생을 보냈는데 고생스러웠지만 행복한 삶이었다는 말을 하는 걸 보고 그녀의 삶을 누가 가치 없는 삶이라고 비하

할 수 있겠는가? 봉사를 즐기는 착한 심성을 타고났기에 타국에서 나환자와 살아도 행복하다고 생각할 수가 있는 것이다. 받는 것보다 베풀 때 행복감이 더 크다고 한다. 남이야 뭐라고 하든 나름대로 보람이 있고 행복하면 가치 있는 삶이 아니겠는가.

성격과 행복

사람은 성격에 따라서 행복에 대한 감수성이 다르다고 한다. 낙관론자가 비관론자보다 행복도가 높다. 물 반잔을 놓고 비관론자는 물이 반 밖에 안 남았구나 하며 불안해하는 만면에 낙관론자는 아직 반이나 남았구나 하며 여유를 가진다. 낙관론자는 행복도가 높고 비관론자는 행복도가 낮다.

긍정적이고 외향적인 사람이 행복도가 높다. 긍정적인 정서를 갖고 있는 사람은 매사에 적극적이고 열정적이라 삶에 대한 만족도가 높은 것이다. 반대로 부정적인 정서를 가진 사람은 매사에 부정적이고 소극적으로 되어 사회에 잘 적응하지를 못한다. 그리고 염세적이 되어 불행해지기 쉽다.

성격은 기본적으로는 타고나는 게 주를 이루지만 환경이나 교육에 의해서 조금은 바뀔 수가 있다. 한 가지 직업에 오래 종사하다 보면 그 직업에 의해서 사람의 성격이나 개성이 바뀔 수가 있는 것이다. 교사 등 교직 출신은 행동을 유심히 보거나 조금만 이야기해보면 금방 작업을 알 수가 있다. 성격이 섬세하거나 뭐든지 가르치려 든다. 미국의 트럼프 대통령처럼 부동산 업자나 사업가 들은 과장이 심하거나 큰소리를 잘 친다. 그 사람의 성격이 그 직업에 맞아서일 수 있고 직업이 그 사람의 성격을 그렇게 만들었을 수도 있다. 행동이 바뀌면 습관이 바뀌고 습관이 바뀌면 성격이 바뀌고 성격이 바뀌면 운명이 바뀐다는 얘기처럼 말이다. 일은 행동이고 일은 반복되기 때문에 습관이 되고 성격을 바꾸고 나중에는 운명까지 바뀌는 것이다.

어떤 성격이 좋을까? 긍정적이고 낙관적이고 외향적이고 사교적이고 침착하고 밝은 성격이면 좋을 것이다. 누구나 이런 성격을 가지고 있으면 좋겠지만 타고나기를 그렇게 타고나지 않았으면 훈련으로 완벽하게 바꾸긴 어렵다. 그러나 열심히 노력하고 수련하면 어느 정도는 바뀔 것이다. 항상 명랑한 마음을 가지고 긍정적 사고를 하고 외향적이고 사교적이 되려고 노력해야 한다. 그러면 어느 정도는 바뀔수가 있을 것이다. 좋은 성격을 갖고 있으면 인간관계가 원만해지고, 사는 것이 재미가 있어지고, 행복도가 올라간다.

인간관계와 행복

●

사람의 행복을 결정짓는 하드웨어인 자기가 사는 나라의 기후나 지역, 시대가 중요하다면 소프트웨어인 정치나 인간관계가 더 중요하다. 동네에는 이웃 사람들이 모여 살고, 직장에서 여러 사람과 생활해야 하고, 가족은 한집에 살기 때문에 인간관계를 떠나서 행복을 논 할 수가 없다. 무인도에 혼자 산다면 인간관계는 필요 없겠지만 학교에서든 직장에서든 길에서든 싫은 사람도 만나고 좋은 사람도 만나고 하면서 살아갈 수밖에 없다.

인간관계가 안 좋으면 스트레스를 받게 되고 행복도가 떨어진다. 인간관계가 안 좋으면 우울증에 걸리기 쉽다. 우울증에 걸리면 매사가 귀찮아지고 사람을 만나기가 싫어진다. 우울증에 걸릴 정도면 불행한 것이다. 사람들과 어울리는 게 좋고 좋아하는 사람과 식사를 하고 담소를 나누고 하는 것에서 행복을 느낀다.

인간관계가 좋으려면 성격이 좋아야 한다. 타고난 성격이 있어 바꾸기 쉽지는 않지만 수양하고 노력하고 공부하면 어느 정도는 바꿀 수가 있다. 노력하면 원만한 성격이 될 수 있다는 얘기다.

사람은 행동이 바뀌면 습관이 바뀌고 습관이 바뀌면 성격이 바뀌고 성격이 바뀌면 운명이 바뀐다는 말이 있듯이 좋은 성격을 가지고 인간관계를 잘하면 삶에서 많은 도움을 받을 수 있고 성공할 수가 있다. 전해 내려오는 고사 중의 "관포지교"처럼 목숨을 걸고 친구를 구해주니 친구가 자기를 크게 도와준다는 인간관계에 관한 얘기다. 인생에서 친구는 중요하다. 친구로 인해서 나쁜 길로 빠지기도 하고 친구의 도움으로 잘되기도 한다. 가족 사이도 인간관계이고, 직장 동료도 인간관계이고 이웃이나 동네 사람도 인간관계이다. 우리가 살아가면서 수많은 사람을 만나면서 살아간다. 인간관계가 좋아야 행복한 생활을 하는데 문제가 없다는 얘기다.

스트레스와 행복

　사람은 살아가는데 스트레스를 안 받고 살 수는 없다. 이 세상은 다양한 사람이 살아가는 곳이라 경쟁이 치열하고 여러 가지 신경 쓸 일이 많아 스트레스는 늘 받으면서 살아간다. 스트레스를 안 받는 게 좋겠지만 그게 맘대로 되는 게 아니다. 스트레스를 받았더라도 빨리 해소하면 된다. 적당한 스트레스는 사람을 긴장하게 하고 자극을 주어 열심히 살게 하는 동기부여가 될 수가 있다.

　스트레스나 화는 부정적인 정서이고 행복도를 낮추는 것 중의 하나이다. 자기가 스트레스라 생각하는 것이라도 다른 사람에게는 스트레스가 안 될 수가 있다. 화가 나는 경우도 마찬가지이다. 화를 잘 내는 사람이 있고 그렇지 않은 사람이 있다. 스트레스를 안 받거나 화를 안 내면 좋겠지만 인간사가 맘대로만 되는 게 아니다.

스트레스를 받을 때 받더라도 오래 쌓아두지 말고 그때그때 풀어버리는 게 좋다. 쌓아두면 병이 된다. 회복과 집중, 이완과 집중, 이완과 긴장을 얼마나 원활하게 오갈 수가 있느냐가 중요하다. 아무리 스트레스가 심해도 극복할 수 있는 마음의 힘만 있으면 아무 문제가 없다.

스트레스를 많이 받거나 화가 났을 때 자리를 피하거나 주의를 다른 곳으로 돌린다. 심호흡하면서 자기 암시를 한다.(별 것 아니야, 이 일은 화 낼 가치가 없어, 화 내봤자 나만 손해지 등) 지칠 때까지 격렬한 운동(달리기, 등산 등)을 한다. 역지사지(易地思之)로 오죽하면 저럴까? 그럴만한 사정이 있겠지 하고 이해한다. 이런 것이 스트레스나 화를 날려버리는 좋은 방법이다.

부정적인 감정부위의 활동이 커지면 면역능력이 떨어지고, 긍정적인 감정부위의 활동이 커지면 면역능력이 커진다. 매사를 긍정적으로 보고 적극적으로 살면 건강하고 행복한 삶이 된다는 얘기다.

스트레스나 화는 쌓아두면 불행의 원인이 될 수 있다. 제때 풀어버리는 게 좋다. 스트레스나 화는 쌓아두지 말고 **빨리빨리 풀어버리자!**

제6부_
행복과 운명론

행복과 운명론

　우리의 행복이 운명적으로 결정되는 것일까? 잘 살고, 못 살고, 성공하고, 못하고, 행복하거나 불행하게 살 운명을 타고 나는 것일까? 인생은 "사주팔자"에 달렸다는 말이 있다.
　우리가 살아가면서 난관에 봉착했을 때 철학관을 찾아가 사주를 보거나 점을 보는 경우가 있다. 어려움을 헤쳐 나갈 묘안이 있을지? 나의 미래는 행복할까? 등 조언을 구하기 위해서이다. 사주는 사람이 태어난 년, 월, 일, 시를 따져서 그 사람의 장래나 길흉화복을 옛날 통계학을 원용하여 예측한다. 하루 동안에 우리나라에서 태어나는 아이가 몇 천 명이 되고 같은 시간에 태어나는 아이도 몇 백 명이 되는데 사주 명리로 보면 그 아이들의 장래가 다 똑같아야 되는 것 아닌가. 같은 날 태어났다고 해서 똑같은 삶을 살 수가 없다. 부자로 사는 사람, 가난하게 사는 사람, 행복하게 사는 사람, 불행하게 사는 사람, 건강한 사람, 병약한 사람 등 다양할 것이다.

 그 사람의 장래는 사주보다는 부모로부터 받은 유전인자가 좌우한다. 건강한 체질을 타고났는지, 좋은 외모를 타고났는지, 낙천적인 성격을 타고났는지, 명석한 두뇌를 타고났는지, 특별한 재능을 타고났는지에 따라 그 사람의 성공과 행, 불행 등 인생이 결정된다. 좋은 집안에서 태어나면 운이 좋다고 한다. 태어나는 건 자기 맘대로 안 되니 운명이라 하는 것이다.

 살아가면서 노력보다는 좋은 결과가 나왔던지 우연히 횡재를 했을 때 운이 좋았다고 한다. 경쟁률이 높은 아파트에 당첨되었을 때, 행운권 추첨이나 복권에 당첨되었을 때, 떨어질 줄 알았던 시험에 합격했을 때, 예기치 않은 일이 잘 이루어질 때 등이다. 모든 일은 인과관계가 있고 확률에 의해서 결정되는데 우리는 운에 너무 의존하는 경향이 있다. 운을 마치 인간의 영역이 아닌 신의 영역이라 생각한다. 독실한 종교인은 자기가 믿는 신에게 의지하고 신의 힘으로 그렇게 되었다고 합리화시키기도 한다.

 주어진 조건이 좋지 않더라도 스스로 노력하면 운명을 바꿀 수가 있다. 사람은 행동이 바뀌면 습관이 바뀌고, 습관이 바뀌면 성격이 바뀌고, 성격이 바뀌면 "운명"이 바뀐다는 말처럼 말이다. "운명아 비켜라 내가 간다!"는 말처럼 좋지 않은 조건을 타고났더라도 자부심을 가지고 적극적으로 열심히 살면 운명을 바꿀 수가 있다. 미국의 링컨 대통령이나 우리나라의 정주영 현대그룹 창업자처럼 가난한 집안에서 태어나고 초등학교 밖에 안 나와도 독학으로 열심히 공부하여 변호사와 대통령이 되고, 대기업의 회장이 되었던 것이다. 물론 이들은 좋은 머리는 타고났다.

사람을 지속적으로 행복하게 해주는 것은 운명이 아니라 자신을 사랑하고 자기 재능을 최대한 발휘하며 열심히 사는 것이다. "행복은 열심히 산 결과일 뿐 행복 자체를 추구하는 것은 소용없는 일이다"라는 말이 있다. 행복을 운에 맡기고 노력하지 않으면 결코 행복해질 수가 없다. 행복도 노력하면 얻어지는 결과물이다.

운명이나 타고난 조건이 좋지 않더라도 매사를 긍정적으로 생각하고 미래에 희망을 걸고 열심히 그리고 재미있게 살면 행복해지는 것이다.

철학적 행복과 진화론적 행복

●

고대 그리스의 철학자 아리스토텔레스는 "행복은 명예로운 것이며 완전한 것이고 행복을 위해 모든 것을 행하며 그 근거는 최고의 선"이라 했다. 최고의 선은 명예롭고 신적인 어떤 것이다. 그는 "행복"을 아주 고상한 "최고의 경지"로 봤다.

그 후세대 철학자 헉슬리는 "행복은 결코 몸이 느끼는 쾌락이나 풍족함에 있지 않다. 개인의 삶에서 의미와 가치 있는 어떤 것, 삶에서 윤리적이며 인지적 차원에서 얻게 되는 충족감"이라 했다. 아무리 풍족한 상태에 있더라도 실존적인 고통을 느낀다면 결코 행복할 수가 없다.

독일 철학자 하이데거는 "행복은 기쁨을 느끼는 어떤 상태라기보다 그것을 찾아가는 과정이다. 그 과정은 어떤 결여 상태를 벗어나는데 있다. 그 과정은 감춰진 행복을 끌어내고 그 결여에 의미를 부여하는 걸로 이루어진다. 행복은 행복을 느끼는 온갖 외적 조건의 불리함에도 불구하고 자신의 존재와 그 의미가 충족될 때 본인의 행복으로 다가온다. 그 반대로 모두가 부러워하는 풍요로움과 행운에도 불구하고 그 의미를 알지 못할 때 사람은 행복을 느끼지 못한다."

"진정한 행복은 심리적 작용이나 사회적 업적이다. 어떤 소유가 아니라 자기 존재를 실현하는 과정과 실존적 경험에서 비롯된다." 철학적인 행복론은 정신적인 측면을 강조하는데 충족감이나 최고의 선을 추구한다.

진화론적 행복론은 아리스토텔레스에 대립되는 다윈의 진화론적 이론이다. 행복을 탐구하는 과정에서 아리스토텔레스는 철학에 바탕을 둔 전통적 관점이고 다른 하나는 다윈에 의한 진화론으로 설명한 새로운 행복이론이다.

이 새로운 진화론적 관점으로 보면 행복은 삶의 최종적인 이유도 목적도 아니다. 다만 생존을 위해 절대적으로 필요한 정신적 도구 일 뿐이다. 행복하기 위해 사는 게 아니라 생존하기 위해 살다 보니 필요한 상황에서 행복을 느꼈던 것이다.

사람이 살아가면서 행복에 큰 영향을 주는 복권당첨, 시험의 합격, 승진, 새집으로의 이사 등은 그때 잠깐이나 며칠 즐거움을 주지만 그 즐거움이 꾸준히 계속되지는 않는다. 왜냐하면 사람이 거기에 적응되기 때문이다. 그래서 최근의 즐거운 일이나 일상에서 맛보는 행복이 영향력은 더 큰 것이다. 맛있는 음식을 먹는 것, 잠 잘 자는 것. 가족이나 친지들로부터 칭찬이나 사랑한다는 말을 듣는 것, 친구들과 즐겁게 담소하고 차 마시고 술 한잔하는 것, 좋아하는 취미생활, SEX 등 소소한 일상의 행복이 주류를 이룬다.

행복은 거창한 관념이 아니라 구체적인 경험이다. 그것은 쾌락에 관점을 둔 기쁨과 즐거움 같은 긍정적 정서들이다. 이런 경험은 뇌에서 발생하는 현상이기 때문에 철학이 아닌 생물학적 논리로 접근할 필요가 있다.

쇼팽의 음악이나 셰익스피어의 문학이 우리에게 즐거움을 주지만 본질적인 쾌감은 먹을 때와 SEX할 때 즉 본능적인 충족과 더 넓게는 사람과의 관계에서 온다. 진화의 과정에서 쾌감이라는 경험이 탄생한 이유 자체가 두 자원 즉 생존과 번식을 확보하기 위함이었다.

행복은 "한 방"으로 해결되는 것이 아니다. 모든 쾌락은 곧 소멸되기 때문에 한 번의 커다란 기쁨보다는 작은 기쁨을 여러 번 느끼는 것이 절대적이다. 그리고 "행복해지려면 다른 사람을 지나치게 신경 쓰지 마라"-- 라고 프랑스 작가 알베르

카뮈는 주장한다.

　우리나라 사람이나 동양 사람은 집단주의 문화 속에서 살아 왔다. 과도하게 타인을 의식하는 집단주의는 행복감을 낮춘다. 행복의 중요한 조건중의 하나는 내 삶의 주인은 타인이 아닌 내가 주인이 되어야 한다. 사람이 금강산을 구경하기 위해 밥을 먹는 것이 아니라 인간의 본질적 욕구를 충족하기 위하여 밥을 먹고, 금강산을 구경한다는 것이 진화론자들의 주장이다.

　행복의 핵심은 다른 사람의 칭송과 칭찬을 받으며 사는 사람이 아니라 일상에서 자기 나름으로 긍정적 정서 즉 기쁨, 즐거움, 만족, 감사, 사랑, 희망, 열정 등을 자주 경험하고 실천하며 사는 사람이다.

　행복의 핵심을 한 장의 사진에 담는다면 젊은 남녀가 신혼여행이나 휴가여행을 가서 석양의 해변 야외 식당에서 마주 보고 앉아 술 한 잔하며 즐겁게 대화하고 맛있는 음식을 서로 먹여주며 행복하게 웃는 모습이다.

행복해지는 방법

●

　이때가지 행복에 대한 조건이나 이론을 공부하였으니 행복해졌을까? 행복의 의미를 제대로 파악하고 실천하면 행복해질 수 있을 것이다.

　행복에 대해 다시 한번 정리를 해보면 좋은 조건을 갖고 태어나면 일단 유리하다. 건강한 신체를 타고나고, 좋은 머리를 타고나고, 부유한 집안에서 태어나면 출발부터 오십 점 따고 들어가는 것이다. 우리는 이것을 복이 많거나 운이 좋다고 표현한다.

　그 다음은 자기가 사는 나라의 기후, 정치, 경제가 좋아야 행복하다. 행복도를 조사해보면 노르웨이 등 스칸디나비아 반도의 나라들과 스위스, 부탄, 호주, 캐나다 등 자연환경이 좋은 나라들의 행복도가 항상 높게 나온다. 하드웨어적인 조건이 좋아야 한다는 얘기다. 미국에서도 LA로 사람이 몰리는 것을 보면 날씨가 따뜻하고 위락시설이 잘 되어있고 자연환경이 좋아서 일 것이다. 사람이 행복해지려면 그 조건 중에 자기가 사는 나라의 기후, 정치, 경제 수준이 중요하다. 기후가 좋고 정치가 안정적이고 나라의 경제 수준이 높으면 그 나라에 사는 사람의 대부분이 행복하다고 느낄 것이다.

그러나 우리의 행복은 하드웨어적인 행복보다 소프트웨어적인 행복이 더 중요하다. 행복에 대한 감수성이나 행복에 대한 이해가 좋아야 된다는 얘기다. 낙관적인 사고방식으로 좋은 인간관계를 유지하며 자기 일을 좋아하고, 사랑을 하고, 베풀고, 인생을 즐기면서 낙천적으로 살면 행복한 삶이 되는 것이다. 내가 가진 것에 만족하고 남을 부러워하지 않으며 자존감과 자부심을 잃지 않고 열심히 살면 행복하게 사는 것이다. 요즘 유행어 "부러워하면 진다!"라는 말처럼 남을 부러워하고 열등의식을 가지면 행복한 것이 아니다.

완벽에 가까운 행복한 삶이 되려면 큰 행복과 소소한 행복 모두 누려야 가능하다. 좋은 집안에서 태어나고 자라고 건강하며, 로또에 당첨되고, 어려운 시험에 합격하고, 명문대학을 다니고, 좋은 직장에 취직하고, 빨리 승진하고, 사업자는 사업이 잘되고, 선거에 나가면 당선이 되고, 모임에서 대표가 되고, 돈을 많이 벌고, 큰집에 살고, 좋은 차를 타고 그리고 결혼을 하고, 아들, 딸을 낳고, 가족, 친구, 직장동료 등 인간관계가 좋고, 자식들 공부 잘하고, 자식들 취직 잘 되고, 다양한 취미생활을 하고, 자기 직업이 적성에 맞고, 자기 직업에서 성공하고, 사람들로부터 존경을 받으면서 살면 완벽한 인생이 된다. 그러나 과연 이런 사람이 몇 명이나 되겠는가. 나머지 사람들은 모두 별 볼일 없고 불행하다는 얘기인가? 그건 아닐 것이다 예를 들어 봤을 뿐이다. 완벽한 삶은 없다. 주어진 여건을 고맙게 생각하고 나름대로 만족하고 살면 행복한 삶이 된다. 중산층 정도가 되고 모든 게 중간 이상만 되어도 행복을 느끼면서 살 수 있을 것이라고 생각하는 사람이 많다.

행복은 규격화되어 있거나 지고지순한 것이 아니다. 행복은 평범한 삶 속에서 살아가는 동안 얻어지는 보너스와 같은 것이다. 태어나고 자라고 공부하고 직업을 가지고 결혼을 하고 아이를 낳아 기르며 늙어 갈 때 인생의 애환과 함께 행복을 느끼는 것이 우리의 인생 아닌가. 태어나서부터 죽을 때까지 마냥 행복할 수는 없다. 살다 보면 어려울 때가 있고 고통스러울 때가 있기 마련이다. 사람으로서 취직, 결혼 등 할 수 있는 건 다 하면서 애환과 함께 행복을 맛봐야 사는 보람이 있다. 원룸에 혼자 살고 알바를 하며 생활하고 결혼은 안하고 연애도 안하는 왈 "초식 남이나 건어물 여"도 불만이 없고 행복하다면 할 말은 없다. 그러나 자기 합리화나 조그만 것에 만족하고 안주하면 발전은 없다. 사람은 발전하고 변화하는데서 삶의 의욕이 생기고 희망과 행복을 맛보게 된다.

한번뿐인 인생 재미있게 행복하게 살다 가는 게 좋지 않겠는가! 태어나는 건 맘대로 안 되니 어쩔 수가 없다 치더라도 부모로부터 물려받은 능력을 기반으로 본인의 노력을 더해 인생을 개척해 나가는 것이다. "뱁새가 황새를 쫓아가면 가랑이 찢어진다"는 속담처럼 자기보다 나은 사람을 시기 질투하거나 부러워하지 않고 자기 능력에 맞춰서 나름대로 재미있게 열심히 살아가면 행복하게 사는 것이다.

요즘 "소 확 행" "워 라 밸" 이라는 말이 유행한다. 이 시대를 사는 젊은 이 들은 거창한 행복보다는 소소한 행복을 중요하게 생각하고, 일도 힘들게 해서 돈을 많이 버는 것 보다 적당히 일을 하고 인생을 즐기는 것 즉 일과 삶의 균형을 맞추는 걸 좋아한다. 개발시대에는 돈을 많이 벌기 위해서 죽기 살기로 열심히 일만 하고 살다 보니 소소한 행복이나 삶의 질을 생각할 겨를이 없었다. 이제 시대가 바뀌었고 우리나라도 선진국 수준이 되었으니 삶의 질을 따지고 행복을 생각할 때가 된 것이다.

　우리나라의 출산율이 세계에서 최하위라 출산 장려책을 쓰고 신혼부부 우대정책을 펴고 있다. 결혼을 하고 아이를 낳아 키우면 혼자 사는 것보다 힘들고 어려울 때가 있을 것이다. 그러나 자기와 닮은 2세를 낳는 신비함과 아이를 키우는 재미는 대단한 행복이다. 우리 인간도 동물이기에 본능을 무시하고 살 수는 없고 본능에 충실한 삶이 훨씬 인간답고 행복도가 높다.

　그러면 우리가 행복하게 살기 위해서는 어떻게 해야 할까? 태어나는 거나 어린 시절은 자기가 어떻게 할 수가 없고 부모의 뜻에 따라 결정된다. 성인이 된 후부터는 자기가 자기 인생을 개척해 나가야 한다. 직업의 선택, 직장의 선택, 출세, 성공, 결혼, 자녀 수, 사는 지역, 사는 집, 타는 차, 취미생활, 건강관리, 인간관계 등 자기가 결정해야 하고 자기 하기 나름으로 행복해질 수가 있고 불행해질 수가 있다. 남의 눈치나 채면을 생각하여 자기에게 안 맞는 삶을 살면 불행해지기 쉽다. 자기의 능력을 제대로 평가하고 자기에게 알맞은 삶을 살면 행복하게 사는 것이다.

직업이나 직장은 자기 적성에 맞고 미래지향적인 것이 좋다. 사람의 행복을 결정짓는 데는 직업이 중요하고 결혼도 중요하다. 결혼은 인생의 절반 이상 약 2/3를 좌우하기 때문이다. 결혼은 해도 후회하고 안 해도 후회한다지만 어차피 한번 뿐인 인생 결혼을 하는 것이 좋다. 배우자는 가치관이 같고 상호 보완적이고 겉 궁합, 속궁합 다 잘 맞아야 된다. 배우자와 잘 맞아야 행복하고 평생을 회로 할 수가 있다.

　자기 일을 즐거운 마음으로 하고 열심히 해야 잡념이 안생기고 성과가 좋아 진다. 적성에 안 맞는 일을 억지로 하면 성과가 좋지를 않고 불행하다고 생각하기 쉽다. 사람이 일만 하고 살거나 아무것도 하지 않고 산다면 무미건조한 삶이 되고 재미없는 인생이 된다. 다양한 취미생활을 하면서 사는 게 삶이 훨씬 윤택해지고 재미가 있다. 정신적인 취미생활 즉 독서, 서예, 음악, 미술 등과 육체적인 취미생활인 등산, 테니스, 골프, 조깅, 수영 등 운동 종류의 취미생활을 같이 하여 심신의 건강을 다지면서 삶을 즐기면 인생은 행복해지는 것이다.

　인생이 많은 사람들과 어울려 살아가는 것이라 인간관계가 안 좋으면 스트레스를 받고 불행해질 수가 있다. 가족, 직장동료, 친구 등 좋은 인간관계를 유지하는 것이 행복도를 높이는 요인이 된다. 좋은 인간관계를 위해서는 내가 먼저 노력하고 다가가야 한다.

  가능하다면 기후가 좋고 정치, 경제, 안보가 좋은 나라에 살면 행복해질 가능성은 높다. 그래서 이민을 가는 사람들은 행복을 찾아 정치, 안보가 안정적이고 경제적으로 잘 사는 나라로 이민 가는 것이 아니겠는가. 그러나 사람은 사는 곳 못지않게 살아가면서 갖는 마음 자세가 행복에 많은 영향을 준다. 낙천적이고 긍정적이며 매사에 만족하고 감사하며 희망을 잃지 않고 열정적으로 사는 사람은 어디에 살던 항상 행복하다.

일상의 행복

　구체적으로 일상의 행복을 적시해보면 몸과 마음이 건강해야 행복하다. 행복하려면 하루하루가 즐겁고 걱정이 없어야 한다. 첫째 스트레스나 화나는 일은 빨리 풀어버려야 한다. 그리고 지난 일을 되씹지 말고, 남과 비교하지 않기, 남 탓하지 않기 등 우리 정신세계의 악성 바이러스를 퇴치하고 즐거웠던 일, 희망적인 일, 장래의 일만을 생각해야한다. 안 좋은 일은 "내 탓이요~~~"하고 털어버리고 좋은 일만 생각하고 낙천적이며 긍정적인 사고로 살면 행복해진다.

　하루 일과를 행복바이러스로 충전하려면 출근 전에 운동이나 산책을 해야 한다. 운동이나 산책을 하면 세로토닌이 분비되어 기분이 좋아진다. 기분이 좋으면 행복해지는 것이다. 식사는 채소와 육류, 생선 등 다양한 반찬과 현미밥으로 맛있게 먹되 과식하지 않고 알맞게 먹는다. 맛있게 먹는 그 자체가 행복이다. 식사 후 출근을 한다. 대중교통수단을 이용하거나 직접 운전을 하더라도 양보하고 방어운전을 하면 싸울 일 없고 스트레스받을 일이 없다. 쓸데없는 이야기는 한쪽 귀로 듣고 한 귀로 흘려버리고, 눈에 그슬리는 장면은 마음에 두지 말고 빨리 지워버리고, 화가 나는 경우에는 참고 말든지 아니면 쿨하게 화를 내어 상대방에게 쿨 하게 표현을 한다. 화를 조절하지 못하면 화가 업그레이드되어 분노조절 장애로 싸움이 커지고 나아가 살인까지 일어나는 것 아닌가.

일을 할 때는 이 일을 먹고살기 위해서 할 수 없이 한다는 생각은 버리고 "나는 일이 즐겁다, 이 일이 내 적성에 맞는 일이다!"라고 자기 최면을 걸면서 일을 하라. 자기 최면을 걸면 뇌는 그렇게 인식한다. 즐거운 마음으로 일을 해야 일의 능률이 오르고 피로를 덜 느낀다. 어차피 해야 할 일, 즐거운 마음으로 해야 힘들지 않고 성과가 좋다. 억지로 하면 일의 능률이 떨어지고 사고가 나기 쉽다. 잡념을 없애고 집중해야 일의 성과가 좋아진다. 집중하기 위해서는 마인드 콘트롤이 필요하다. 집중이 잘 안될 때 기독교인은 "할렐루야"를 외치고, 불교신자는 "관세음보살 나무아미타불"을 외치면 된다. 비종교인은 "집중하자!" "화이팅!" "아자. 아자!" 또는 I CAN DO IT(나는 할 수 있다!)" 등 구호를 외치면서 잡념을 떨쳐버려야 한다. 희망적인 생각, 즐거운 생각을 항상 뇌에 꽉 채우고 일을 해야 행복하다.

그다음 직장 동료와 인간관계를 좋게 유지하는 것이 중요하다. 직장의 인간관계가 안 좋으면 직장이 싫어질 수가 있고 출근하기 싫어진다. 인간관계는 승진에도 영향을 준다. 퇴근 후에나 휴일에는 친구나 가족, 직장동료와 같이 취미생활을 하고 즐겁게 보내는 게 인간관계를 좋게 해주어 삶의 활력이 된다. 인간관계가 좋으면 삶이 즐겁고, 삶이 즐거우면 행복한 것이다. 그리고 가족 간의 사랑은 행복에 많은 영향을 준다. 사회 구성원의 가장 기본적인 단위가 가족 아닌가. "가화만사성"이라는 말이 생겨난 것은 가정이 화목하면 모든 일이 잘 이루어진다는 의미로 가정이 행복의 원천이라는 얘기다.

일상생활 중 잠자는 시간은 하루의 1/3이나 차지하므로 중요하다. 잠을 잘 자야 된다. 잠을 충분히 잘 자야 몸과 마음의 컨디션이 좋다. 신체 컨디션이 좋아야 행복감을 느낀다. 잠이 부족할 때는 낮잠을 잠깐 자주는 게 좋다. 건강한 육체에 건강한 정신이 깃든다는 말처럼 몸이 건강하면 정신도 건강해진다. 몸과 마음이 건강하면 행복한 것이다. 몸과 마음이 모두 건강해야 행복하다. 잠을 잘 자면 몸과 마음이 다 건강해진다.

내가 행복하기 위해서는 내 주변이 행복해야 하고, 내가 사는 사회가 행복해야 한다. 그동안 우리나라가 경제발전이 된 만큼 거기에 비례해서 행복도가 올라가지를 못했다. 그 이유는 국민성과 정치와 안보 등이 발목을 잡은 것이다. 우리나라의 국민성은 많은 외침과 전쟁을 겪고 격변기를 경험하면서 형성된 것인데 조급성과 상대를 못 믿는 불신 문화, 사촌이 땅을 사면 배 아파하는 시기심이 행복도를 많이 낮춘다는 얘기다. 극단적인 파벌정치. 세대 간의 불화가 행복도를 낮추고, 분단국가이기 때문에 전쟁의 위험 요소가 행복도를 더 낮춘다. 거기다 천연자원은 부족하고 좁은 땅덩어리에 많은 인구가 모여 살다 보니 경쟁이 치열해서 행복도는 더 떨어진다.

아시아의 변방 가난한 소왕국 부탄의 행복도가 높은 이유는 안보와 치안이 좋고 국민성이 낙천적이며 국민들 사이에서 지역갈등이나 세대 간 불화가 없고 사회의 분위기가 안정적이어서 그렇다. 부탄이라는 나라가 경제적으로 부유하지는 않지만 일반 국민들이 살기에 편하고, 각자가 자기 삶에 만족하기 때문에 행복도가 올라가는 것이다. 부탄은 고교까지 무상교육이고 90% 이상이 불교신자인 것이 행복도가 높아진 원인 중의 하나이다.

행복해야 하는 이유

●

　사람으로 태어났으면 행복하게 살 권리가 있다. 선진국뿐만 아니라 우리나라 헌법에도 행복하게 살 권리가 규정되어 있다. 사람은 누구나 행복하게 살 권리가 있다는 얘기다. 위정자는 자기 국민이 모두 행복하도록 정치를 하여야 한다. 정치의 최종 목적은 국민이 편안하게 잘 사는 것 아닌가. 그래서 행복하지 못하면 나라에서 도와준다. 극빈자나 장애인은 생활비를 지원해주고 통신비, 교통비, 의료비를 할인해주는 등 혜택을 주어 불행해지지 않도록 해주는 것이다. 지금 우리나라에서 복지를 자꾸 확대하는 것도 국민들이 골고루 행복해지길 바라는 정치적인 의미 아닌가.

　우리가 의, 식, 주 만 해결되면 행복할까? 가장 기본적으로 해결되어야 할 행복의 요소이지만 이것이 전부는 아니다. 사람이기 때문에 많은 욕구가 있고 다양하고 고차원적인 삶의 목표가 있다. 행복에는 수많은 행복의 조건이 필요하고 사람의 성격에 따라서 행복을 받아들이는 감수성과 개념이 달라진다. 같은 상황에서 행복하다고 생각하는 사람이 있고 불행하다고 생각하는 사람이 있을 수가 있다. 그래서 행복은 단순한 것 같으면서도 복잡한 메커니즘을 갖고 있는 것이다.

행복은 자신의 존재 의미를 실현하고 충족시켜 나가는 것이다. 행복은 자신의 존재에 스스로 만족하고 자긍심을 갖게 되는 "필요조건"이다. 스스로 불행하다고 생각하면 자부심이 낮아지고, 삶의 의욕이 떨어지고 사는 재미가 없어진다. 행복해야 사는 게 재미가 있고 삶의 의욕이 생긴다. 행복하면 매사가 잘 풀리고 마음이 너그러워지고 심신이 건강해진다. 행복해야 자기 삶에 만족하고 자부심이 생기는 것이다. 행복하면 일의 능률이 올라가고 생산성도 높아진다. "가화만사성(家和萬事成)이라는 말도 같은 의미이다. 가정이 화목하면 행복한 것이고 행복하니 모든 일이 잘 이루어진다는 의미 아닌가.

전해 내려오는 행복의 3대 원칙이 있다. 첫째, 어떤 일을 하라. 취미생활도 같이 하라. 둘째, 사랑하라(연인, 배우자, 가족, 친구, 이웃, 민족, 인류, 자연 모두), 셋째, 모든 일에 희망을 걸어라(낙관적으로 살아라) 그리고 건강 하라!

행복 실천하기

이때까지 행복이 뭔지, 행복이 어떤 것 인지, 어떻게 하면 행복해지는지를 살펴봤다. 이제 행복을 실천하여 행복해지자!

행복은 정신적, 육체적으로 건강하고 물질적으로 만족할 때 찾아온다. 건강한 정신은 건강한 육체에서 온다는 말이 있다. 건강한 육체를 위해서는 첫째, 섭생을 잘해야 한다. 식사를 제때 하고 육식과 채식을 골고루 섭취해야 한다. 둘째, 잠을 잘 자야 한다. 잠은 너무 많이 자도 안 좋고 적게 자도 안 좋다. 6~8시간이 적당하다. 셋째, 매일 운동을 해야 한다. 유산소 운동과 근육운동을 겸해서 하는 게 좋다.

(규칙적인 생활을 하고 건강관리를 잘하라!)

우리가 살아가는 데 있어서 돈이 필요하다. 원시시대처럼 자급자족하면 모를까 현대의 도시생활은 돈이 없으면 불편하고 생활이 안 된다. 돈이야 많으면 많을수록 좋겠지만 어느 정도 생활에 불편하지 않을 만큼의 돈은 있어야 행복할 수가 있다. 먹고 싶은 것 사서 먹을 수 있어야 하고, 입고 싶은 것 사서 입을 수 있어야 하고, 편안히 쉴 집이 있어야 하고, 가족이나 애인과 놀러 다닐 차가 있어야 한다.

(생활에 불편하지 않을 만큼의 수입을 올려라.)

행복의 적은 스트레스와 열등의식과 시기심이다. 스트레스는 될 수 있으면 안 받는 게 좋고 받았으면 제때에 풀어버리는 게 좋다. 열등의식은 스스로를 불행하게 만든다. 자기가 하는 일이나 자기의 외모 등 자신에 대한 자부심을 가져야 행복해진다. 자기보다 많이 가진 사람, 지위가 높은 사람, 자기보다 잘 생긴 사람을 시기하면 본인이 불행해진다. 그들을 인정할 건 인정하고 자기 나름대로 장점을 찾아 자부심을 키우면 된다.

(열등의식을 버리고 자기의 장점을 찾아라!)

항상 긍정적인 사고방식을 가지고 낙관적으로 살아야 행복해진다. 긍정적인 사고방식은 발전적이고 행복도를 올린다. 반면에 부정적인 사고방식은 비관적이 되고 행복도를 낮춘다. "내일 지구의 종말이 온다 할지라도 나는 오늘 한그루의 사과나무를 심겠다!"는 스피노자의 말처럼 오늘 최선을 다하고 내일에 희망을 걸어야 한다.

(낙관적으로 살아라!)

물질적으로 풍족하지 못하더라도 가진 것에 만족하고 정신적인 면에서 풍족하면 행복한 것이다. 여러 사람이 모여 사는 사회라 다른 사람과 비교하게 되고, 자본주의 사회는 물질에 대한 욕구가 많아 돈이 없으면 불행하다고 생각하기 쉽다. 생활에 불편하지 않을 만큼의 돈은 있어야 하고 돈을 벌기 위해서는 일을 해야 한다. 부모유산이 많아 놀아도 되는 사람이라 하더라도 일을 하면 일에서 보람을 느끼고 자아실현을 할 수가 있기 때문에 일은 해야 한다. 일은 자기 적성에 맞고 수입이 좋고 사회에서 인정해주는 직업이면 좋겠지만 일단 직업으로 선택했으면 자기 일을 좋아하고, 일을 즐겁게 해야 성과가 좋고 행복해진다. 그리고 일이 끝나고 나서나 휴일에는 취미생활을 해야 사는 게 지루하지 않고, 삶이 즐겁고 행복해진다.

취미생활은 일에 지장이 없는 한 다양하게 하는 게 좋다.
(즐겁게 일 하라 그리고 취미활동을 다양하게 하라!)

우리가 사는 사회는 많은 사람이 모여 사는 사회라 인간관계가 좋아야 행복해지는데 지장이 없다. 인간관계가 안 좋으면 불행해지기 쉽다. 가족도 인간관계이고 직장동료, 친구, 이웃 등 사람 사이는 다 인간관계다. 인간관계가 원만해야 살아가는데 편하다. 사람은 사랑하고 사랑받고 하는 데에서 행복을 느낀다. 특히 남녀 간의 사랑은 최고의 행복을 선사한다. 사랑하라 그러면 행복해진다.
(인간관계를 잘하고 사랑하라!)

큰 행복(입시나 입사시험 합격, 취업, 결혼, 승진, 새집, 새 차 구입, 재산증식 등)을 추구하면서 평소에는 소소한 행복을 추구해야 한다. 큰 행복은 자주 누리기가 쉽지 않고 소소한 행복은 평소에 노력하면 자주 누릴 수가 있다. 소소한 행복은 일상생활에서 찾아보면 많다. 음악 감상, 악기 연주, 노래 부르기, 춤추기, 책 읽기, 책 쓰기, 차 마시기, 좋은 술 마시기, 맛있는 음식 먹기, 산책, 조깅, 헬스 등 운동, 바둑, 낚시, 등산, 여행, 자전거 타기, 당구, 사진 찍기, 텃밭 가꾸기, 맛 집 찾아 맛있는 음식 먹기, 건전한 오락이나 카드놀이 등 나름대로 좋아하는 취미생활, 종교 활동, 봉사활동 등이다. 종교가 행복에 많은 도움이 된다고 하니 외롭거나 삶이 힘들면 종교가 위안이 되고 힘이 될 수가 있다. 삶이 힘들고, 외로우면 종교의 도움을 받는 것이 좋다. 믿는 신이 있으면 낙관적이 되어 행복도가 올라간다.

(큰 행복을 누리고 평소에는 소소한 행복을 찾아 즐겨라 그리고 종교를 가져라!)

인생에서 낭만이 없다면 삶이 너무 딱딱할 것 아닌가. 현실이 규격화되고 제약이 많더라도 나름대로 여유를 가지고 낭만적으로 살 필요가 있다. 남에게 피해 안주는 범위 안에서 나름대로 즐기면서 낭만적으로 사는 게 행복하게 사는 방법이다.

(낭만적으로 살아라! 그러면 행복해진다.)

〈참고문헌〉

행복의 기원 (2014년) —— 서은국

행복의 조건 (2013년) —— 조지 베일런트, 번역: 이덕남

행복은 어떻게 설계 되는가 (2015년) —— 폴 돌런, 번역: 이영아

우리는 무엇으로 행복해지나 (2016년) —— 김형석, 이어령 외

행복의 함정 (2011년) —— 리처드 래이어드, 번역: 정은아

꾸뻬씨의 행복여행 (2014년) —— 프랑수아 를로르, 번역: 오유란

행복과 삶의 해석학 (2014년) —— 신승환

내 인생 이렇게 살고 싶다 (2005년) —— 고바야시 츠카사, 번역: 이종영

불행 피하기 기술 (2018년) —— 롤프 도벨리, 번역: 유영미

행복 에너지 (2017년) —— 권선복

백세까지 살아보니 (2018년) —— 김형석

해피어 (2009년) —— 탈벤 샤하르, 번역: 노혜숙

가난해지는 데는 이유가 있다 (2016년) —— 월리엄 A 스텐마이어, 번역: 이영권

행복과 삶의 해석학(2017년) —— 신승환

취미생활 예찬론

정 동 기

　사람은 일만하고 살아갈 수는 없다. 일과 휴식을 겸해야 한다. 쉴 때는 TV시청이나 잠을 자는 것이 편하긴 하겠지만 별 의미는 없다. 쉴 때도 그냥 쉬는 것보다 건강에 도움이 되는 취미활동이 여러모로 살아가는데 도움이 된다. 정신건강이나 육체건강을 위해서 "취미생활"이 꼭 필요한 것은 이 때문이다.
　"취미"의 사전적 의미는 전문적으로 하는 것이 아니라 즐기기 위해서, 아름다운 대상을 감상하는 것이나 감흥을 느끼어 마음이 당기는 것으로 되어있다. 취미의 종류는 수없이 많다. 배드민턴, 테니스, 골프, 달리기 등 스포츠류와 음악, 미술, 서예 등 예능계통과 여행, 독서, 수집, 사진촬영 등 너무 많아 일일이 다 열거할 수가 없다.
　일과 취미가 구분되지만 취미가 일로 바뀌면 좋을 것이다. 좋아하는 취미가 일로 바뀌면 일이 즐거울 것이고 보람도 더 클 것이기 때문이다. 운동이나 예능의 경우 어릴 때 취미로 배우다 재능이 뛰어나면 선수가 되고 성인의 경우 좋아하는 취미가 사업으로 이어져 직업이 되는 경우도 있다. 나도 한때 테니스에 빠져 전문직을 접고 테니스장을 운영하려 한 적이 있다.

　취미가 직업이 되면 바람직하겠지만 취미가 일로 바뀌면 힘들어지고 스트레스를 받는다고 한다. 일은 대가를 바라고 하기 싫어도 계속 해야 하기 때문이다. 시대가 바뀌어 서양처럼 주5일 근무가 일반화되면서 다양한 취미생활을 할 수 있는 시간적 여유가 생겼다. 그 전에는 공휴일, 일요일까지 일하는 경우가 많았다.

　우리가 취미활동을 하려면 먼저 시간이 있어야겠지만 돈이 들어간다. 동네 주변을 달리는 조깅의 경우는 운동화와 츄리닝만 있으면 되지만 테니스, 골프 등은 돈을 내고 레슨을 받아야 한다. 악기나 서예, 춤, 수영 등을 배우려 해도 수강료를 내야한다. 취미생활에서 정신과 육체의 조화를 이루려면 정신노동자는 운동 등 육체를 움직이는 취미가 필요하고 육체노동자는 독서, 서예, 악기연주 등 정신적인 취미가 필요하다. 정서적인 면에서 서로 보완적이라는 얘기다.

　사람의 성격에 따라 선호하는 취미가 있기 마련이다. 외향적인 사람은 야외에서 하는 활동적인 취미 즉 운동이나 여행을 좋아할 것이고 내향적인 사람은 주로 실내에서 하는 정적인 취미인 독서, 서예 등을 선호할 것이다.

　사람은 나름대로 개성이 있기 때문에 대부분이 좋아할 것 같은 여행이나 운동을 싫어하는 사람도 있다는 얘기다. 그러나 가능하면 몸을 움직이는 운동 종류를 하나쯤 취미로 갖고 있고 거기에 실내에서 하는 독서, 서예, 미술, 음악 등의 취미를 하나 더 가지는 것이 좋다. 왜냐하면 육체적으로나 정신적으로 골고루 건강해질 수 있기 때문이다.

요즘 주변의 친구들을 보면 정년을 했거나 은퇴를 계획하는 이들이 대부분이라 퇴임 후 시간 보낼 일이 제일 큰 걱정거리다. 그 해결 방법은 새로운 일에 도전하거나 아니면 직장 때문에 못해본 다양한 취미생활을 해보는 것이다. 그러나 의욕이 넘쳐 그동안 하고 싶었던 여러 가지의 취미생활에 도전해 보지만 중도에 포기하는 경우가 더 많다. 나이가 들어 시작하다 보니 지구력이 떨어지고 습득능력이 약하기 때문이다. 마음은 뻔해도 몸이 안 따라 준다는 말이 여기에 해당한다. 자연의 섭리거니 생각하고 젊은 사람보다 더 열심히 배우고 익히면 못할 것도 없다.

"태산이 높다 하되 하늘 아래 뫼이로다 오르고 또 오르면 못 오를 리 없건마는 사람이 제 아니 오르고 뫼만 높다 하더라"는 양사언의 시가 생각나고...

인생에서 취미생활이 없다면 얼마나 단조롭고 삭막하겠는가. 다양한 취미생활은 사람을 건강하게 해주고 사는 보람을 느끼게 해준다. 인생의 조미료 역할을 톡톡히 한다는 얘기다. 서양에서는 취미생활을 모르고 일만 하는 사람을 workaholic(일중독자)이라 하여 마약중독자처럼 약간 경멸하는 의미로 쓰인다. 일본에서는 취미활동을 프로 수준으로 잘하면 "오타쿠"라 하며 존경받는다고 한다.

취미활동이 개인별로 하는 경우가 많으나 부부나 가족이 함께하는 경우도 있다. 온 가족이 같은 취미생활을 한다면 친목도모에 좋고 바람직한 일이다. 특히 부부가 같은 취미를 갖고 있으면 취미생활로 주말에 헤어지는 "주말과부"라는 말이 사라지고 부부금슬이 좋아지는데 많은 도움이 될 것이다.

사실 나는 일보다 취미생활에서 사는 보람을 더 느낀다. 직업이 적성에 맞지 않아서인지 오래하다 보니 지겨워서 그런지 모르지만 취미생활에 더 심취하는 편이다. 나의 취미 중에 가장 오래했고 열심히 하는 것이 테니스이다. 대학 때부터 했으니 거의 40년이 되어간다. 매일 출근 전에 한 시간 정도 열심히 땀 흘리며 공을 치고 샤워하고 나면 기분이 날아갈 것 같다. 출근해서 일을 하면 일이 잘 된다. 그래서인지 60대이지만 아직 성인병도 없고 감기도 잘 안하는 편이다.

여러 명이 모여서 하는 취미생활의 장점은 다양한 직업을 가진 사람들과 사귀고 교류할 수 있다는 것이다. 친구를 사귀는 것뿐만 아니라 남녀가 만나 연애하고 결혼까지 할 수 있는 좋은 사교의 장이 되기도 한다.

인생을 살아가는 데 있어서 취미생활은 직업 못지않게 중요하다. 다양한 취미활동은 우리 몸과 마음을 건강하게 유지시켜주기 때문에 꼭 필요하다. 일로 인해 생긴 스트레스를 해소시켜 주고 삶의 의욕을 고취시켜 준다. 적성에 맞는 취미생활은 행복감을 느끼게 해준다. 일로 인한 성취감이 더 크겠지만 취미로 얻어지는 성취감은 작지만 다양하고 자주 맛볼 수 있어 좋다.

취미생활은 어릴 때 부모님의 강요에 의해서나 친구들과 어울려서 이것저것 해보다가 성인이 되면서 본격적으로 하게 된다. 취미생활의 시작 동기는 사교목적으로, 건강을 위해서, 남는 시간을 보내기 위해, 스트레스 해소차원 등이다. 다양한 취미생활은 일의 능력을 올려줄 뿐만 아니라 건강을 다지는 데에도 많은 도움이 된다. 특히 은퇴 후에는 일 대신에 취미생활로 무료한 일상을 즐겁게 보낼 수 있어 더욱 좋다. 건강까지 다질 수 있는 취미생활은 꼭 필요하다.

인생에서 취미생활이 없다면 앙꼬 없는 찐빵이다. 취미생활의 여유 없이 일만하고 산다면 얼마나 삭막하고 무미건조하겠는가. 다양한 취미생활은 인생을 윤택하게 해주고 사람이 사는 재미를 느끼게 해준다. 취미생활은 다양할수록 좋지만 특히 몸을 움직이는 운동종류와 정신적인 건강에 도움이 되는 독서와 예술 쪽의 취미가 꼭 필요하다. 육체적인 취미와 정신적인 취미를 같이할 때 조화를 이루고 완벽해지는 것이다.

"취미"는 일과 달라서 자기가 좋아하는 것으로 시간이나 경제적 능력에 맞는 것으로 선택해야 한다. 거기에 건강에 도움이 되는 것이면 금상첨화다.

취미생활은 우리 인생을 풍요롭게 하고 행복감을 맛보게 해주기 때문에 누구에게나 꼭 필요하고 생활화해야 한다. 다양한 취미생활로 멋진 인생을 만들어 보자.

〈2013년 12월 월간 국보문학 수필부문 신인상 수상작품〉

▲ 신인상 수상하는 정동기 수필가

▲ 약국에서 정동기 수필가

▲ 제8회 국보문학인의 밤 기념사진

▲ 산행하는 정동기 수필가

▲ 산행하는 정동기 수필가

당신도 행복을 공부하면
행복해질 수 있다!!

초판 인쇄　2018년 11월 16일
초판 발행　2018년 11월 23일

지은이　정동기
발행인　임수홍
디자인　맹신형

발행처　도서출판 국보
주　소　서울 강동구 양재대로 114길 32 2층
전　화　02-476-2757~8　FAX 02-475-2759
카　페　http://cafe.daum.net/lsh19577
E-mail　kbmh11@hanmail.net

값 12,000원

ISBN 979-11-89214-16-6

· 저자와의 협약에 의해 인지는 생략합니다.
· 이 책의 글은 저작권법에 따라 보호를 받는 저작물이므로 저자와 출판사의 동의 없이는 무단 전재 및 무단 복제를 금합니다.

· 잘못된 책은 바꾸어드립니다.

이 도서의 국립중앙도서관 출판예정도서목록(CIP)은 서지정보유통지원시스템 홈페이지(http://seoji.nl.go.kr)와 국가자료종합목록시스템(http://www.nl.go.kr/kolisnet)에서 이용하실 수 있습니다. (CIP제어번호 : CIP2018036292)